三角文化

# 暴食江湖

焦桐

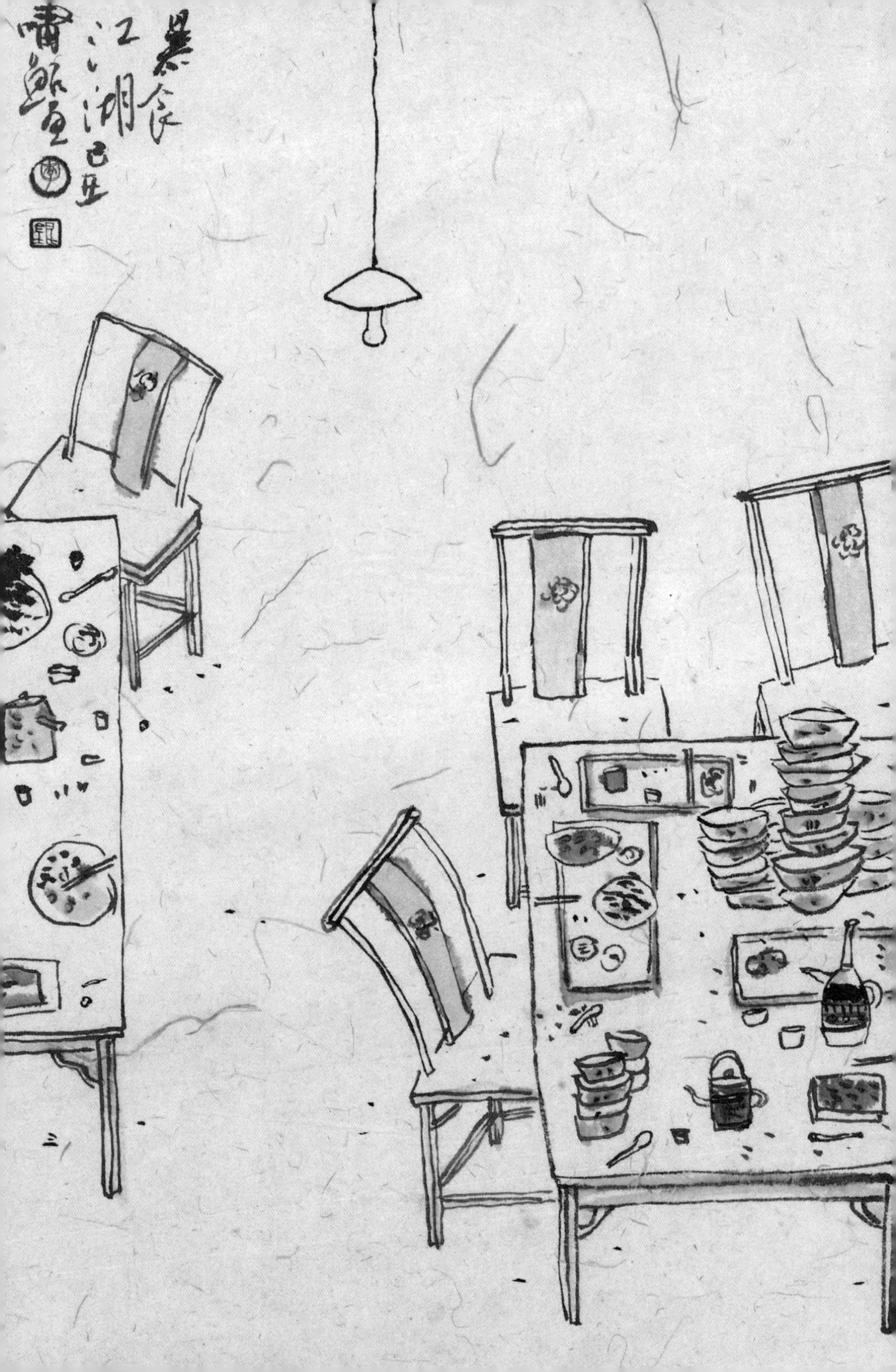
江湖
己丑

目錄

# 序

我越來越相信人生是充滿偶然和錯誤的，各種大大小小的偶然和錯誤。

當初若非撰寫詩集《完全壯陽食譜》，不會試著燒菜，也不會被餐館老闆誤會成美食家，時常應邀去試菜。陰錯陽差，竟開始涉獵飲食文化，編選文集，舉辦飲食文學研討會，和各種主題餐宴如「春宴」、「隨園晚宴」、「印象主義晚宴」、「文學宴」等等，更在中央大學開設飲食文化、飲食文學課。後來變本加厲，竟編輯年度飲食文選，開辦《飲食》雜誌和年度餐館評鑑。

初次辦「春宴」是在永福樓，試菜前幾天，總經理任意誠先生發現《完全壯陽食譜》造成旗下廚師們不少疑慮，乃召集各部門主廚開會討論。我忐忑走進會議室，一群穿戴整齊的廚藝高手同時起立高呼：「焦師傅好」。我的虛榮心在那一刻完全得逞。本來還擔心這些主廚會提一些烹飪上的專業問題，幸虧提問的都是食材如何取得，諸如「新出土恐龍蛋」

焦桐

那裡去買？「奉化縣溯溪而上的小魚」究竟是什麼魚？那些問題直接縱容了我歡喜吹牛的脾性。

後來，我之所以略諳廚事，其實是女兒訓練出來的。一個男人有兩個美麗的女兒，怎麼可能不燒得幾道好菜。

「明天的便當要帶什麼？」我總是作好早餐後，這樣問珊珊；她總是回答隨便啦，從不挑剔。我通常在星期日就擬定一周的烹飪計畫，與各項準備工作，如此這般幾年下來，竟也燒過數百道中西菜肴上桌，輪流孝敬女兒。女兒對魚之外的海鮮過敏，我努力在她體質可忍受範圍的食域尋求變化，其中不乏魚翅、佛跳牆、砂鍋魚頭等宴席菜。有一天，女兒忽然愛上地中海料理，我急忙在廚房的米酒、紹興酒、高粱酒旁邊，另置紅白葡萄酒、琴酒、蘭姆酒、白蘭地、冷壓橄欖油、巴薩米克醋；花椒、胡椒、八角、甘草的罐子旁，也多了迷迭香、茴香、蒔蘿、奧勒崗葉、胡荽籽、肉桂、帕瑪森起司，並在陽臺的小菜園加種薄荷、羅勒、蝦夷蔥、百里香、西洋芹。

如今追憶，一個遠庖廚的中年人，為了文學創作走進廚房；為了好玩赴異國辦「飲食文學營」；為了編印食譜而開出版社；為了面子而鑽研廚藝；為了貪吃而日益臃腫。啊啊啊，我成為飲食文化的學徒，開始於偶然，偶然中發現生活中的若干滋味，我很慶幸自己對食物的好胃口，任何食物，只要烹調得宜，總能引起我旺盛的食慾。飲食散文亦然，起初是《聯合文學》初安民邀稿，慢慢挖掘記憶，遂逐一載錄意見而成篇。

飲食果然也充滿了戲劇性，傳統風味名食「三不黏」據說源於陸游之母和唐琬的婆媳問題；蘇東坡若非被貶謫到黃州，也不會創作出流傳千古的「東坡肉」；傳聞「過橋米線」是清末某秀才之妻在幫助丈夫攻讀時無意中創製出來的；「佛跳牆」則流傳著乞兒與和尚的故事；江南磕指謝茶的習俗，附會著君臣間率爾操觚所制訂的飲禮；烏韋．提姆（Uwe Timm）的小說《咖哩香腸之誕生》描述德國名食咖哩香腸的誕生，竟是發明人在樓梯上摔跤，打翻了蕃茄醬和咖哩粉……

說不定肥胖也算巧合，一種貪吃者義無反顧的宿命。其實我也幾度想減肥，後來發現這企圖和嗜吃頗有衝突；尤有甚者，每次看一些身材苗條的朋友猶厲行減肥，就自卑感陡升。既然減肥那麼難，乾脆改變自己的美學觀：肥胖是美的。我終於說服自己，人類歷史中，向來崇尚肥胖美，瘦的美學觀是晚近才出現的，一種源於好萊塢厭食式的消瘦美學，這肯定是病態美。

肥胖是美的。

我可能從小就貪嘴，對食物一直充滿了熱情，雖然牙齒差，卻像莎士比亞說的：「食欲是一隻無所不在的狼 (Appetite, a universal wolf.)」；糟糕的是，消化力也強。在餐桌前，母親和妹妹總是盯著我吃東西，忽然覺得眼前的東西似乎很美味。我的食量大概是唯一讓她們滿意的優點。

有一次在復旦大學開比較文學年會，溜到閘北「老豐閣」吃本幫菜，侍者眼看我獨自吃一整桌菜肴，遂三三兩兩在我身旁晃來晃去，露出十分奇異的眼光；後來有兩個人乾脆坐在對面看我吃菜，盯著我十分鐘。

食物恆是一種呼喚，並活躍了我們的精神和生活。夏目漱石彌留時，睜開雙眼，對兒子說「我想吃東西」。醫師衡量下，給他喝了一匙葡萄酒。「好喝」。他細細品味，終於又靜靜地闔上眼。這是夏目漱石在人世間最後的兩句話。

然則食物的角色有時竟顯得尷尬，尤其是美食，它以沛然難禦的感官魅力誘引人們，頗使一些奇怪的讀書人不安，他們被洶湧挑起的欲望，似乎牴觸了長期被規訓出來的禁欲意識。日本文藝評論家小林秀雄（1902-1983）的味覺敏銳卻刻意壓抑，講究飲食卻拒絕書寫飲食，對飲食一事帶著強烈的羞恥感，斷言食欲是最低級的欲望。

這自然是一種味覺的囚禁。丹麥作家丹尼蓀（Isak Dinesen 1885-1962）的小說《芭比的盛宴》（*Babette's Feast*）描述在偏遠山腳邊的小鎮，日常生活十分乏味，飲食無非煮煮鱈魚乾和大麥麵包湯。那些清教徒年紀越大越昏眊，重聽、健忘，卻常翻出四十年前的舊帳，彼此怨懟，見面即怒目爭吵。但他們一起讀福音。他們面對不可知的芭比的盛宴，憂喜交織，互相告誡舌頭僅能用來贊美上帝：「舌頭雖小卻能壞大事……我們要除去舌頭的所有味覺，滌淨一切好惡的感覺，只讓舌頭做贊美和感恩這類高尚的事」。

然則那頓豐盛的法式料理後，房中散發著天庭之光，沈默的老人靈活運用舌頭，重聽多年的耳朵再度開啟，時間變成了永恆，他們牽著手一起唱歌，黃金般的歌聲流瀉在凜冽的空氣中，人人蒙受恩賜返老還童，彼此身心相繫，祝福聲四下迴盪。

對村民來講，那頓芭比的盛宴儼然是一次大規模的人格改造工程，讓一群互相埋怨攻訐的糟老頭，有了相親相愛的青春心靈。

欲培養飲食的審美能力，甚或心靈的自由，必須先釋放味覺。美食，不可思議地影響我們的心靈。我總覺得舌頭的階級性非常分明，等而下之的舌頭通常用來打口水戰、呼口號，高尚的舌頭用來贊美神，最高級的舌頭則用來接吻、品味美酒佳肴。我常想，臺灣人恐怕太缺乏美食了，我幾乎可以斷定，多享受美食，就不會那麼悲情了。

人類文明的發展，靠的是一張嘴。飲食是一種文化，一種審美活動，緊密連接著生活方式。不諳飲食的社會，恐怕罹患了文化的失憶症。

廚藝，意味著想像力和創造力，欣賞偉大的廚藝，須要長期的教養和訓練。我因為結識了一些廚藝家，有時會吃到奇奇怪怪的東西。有一次喝到張北和先生以蟲草、淫羊藿珍釀的鹿鞭酒，並吃下一大段紅燒牛鞭。說來慚愧，鹿鞭和牛鞭又長又粗，可惜卻好像未令我雄壯威武，可能喝醉了，我當晚竟扁桃腺發炎，來不及上床睡覺就癱軟在沙發上睡著了，大病一場。

上海極品軒老闆陳力榮先生將他的工作室命名為「煉珍堂」，並正式營業。取這個名字，不知是否仿效段文昌？口氣很大，可見他對食藝的企圖心。唐代段文昌丞相精於烹饌，將丞相府的廚房命名為「煉珍堂」，行旅途中則叫「行珍館」，他所編《食經》五十卷，當時的人稱之為「食憲章」，可見食譜也能成為吃的典章制度。

美好的飲食背後，肯定有美好的頭腦。誠如張光直先生所說的，欲理解任何民族的文化核心，最有效便捷的途徑是通過肚子。古人用美食祭祀以祈幸福，祈求的對象又往往以飲食為象徵，這是「禮」的本來含意；象形文字的發明從飲食開始，進而發展出豐富的文字；人類最早的藝術也跟飲食行為關係密切，路人皆知「美」的觀念始於飲食。

美好的食物總是真情流露，適合大眾的口味，不造作矯飾，帶著地方特色和聯歡性格，有時溫柔，有時狂野，總是渲染著青春活力。

白居易：「大抵好物不堅牢，彩雲易碎琉璃脆」，天地間，一切的美都是短暫的，也多容易有缺憾。美好的飲食往往戀情般無常，有些從前常去的餐館像「永寶餐廳」、「涎香小館」、「夫妻檔」、「夢見地中海」都歇業了，成為永恆的思念。我懷著珍惜的態度，書寫飲食經驗，珍惜每一道美味的菜肴如閃過的吉光片羽，珍惜好餐館如擦肩而過的人情，追憶那些奔馳離去的事物。如同普魯斯特所慨嘆的，一切皆在永恆的消逝中，我打算持續以書寫來頑抗這世界的缺憾。

# 論素食

我在金門服兵役時，有一個冬夜營輔導長查哨回來，說被我連上同袍養的一隻黑狗咬到褲管，遂命伙房將那隻闖禍的狗宰殺來吃。我的同袍甚為悲憤，知道他的愛犬不保，遂央請伙房的朋友將狗肝留下來，他要親自吃掉，絕不分給那可恨的營輔導長半口。我至今不能理解為什麼指定要吃愛犬的肝臟？依稀只記得他吃狗肝的表情相當激烈，絕決。

可我清楚記得柯姓營輔導長，曾在一九七八年返臺接受政戰楷模表揚。我也曾受盡這個政戰楷模的欺凌惡整，在那危疑肅殺的年代在金門戰地，他很不爽我們「老芋仔」連長，又無可奈何。我既是老連長的參一文書，三番兩次被找麻煩是容易理解的。有一次營測驗，我奉命趕刻一百多張鋼板，趕到連續三天不能闔眼，連續五餐無暇進食，恭恭敬敬呈上成果到營輔導長辦公室，他輕蔑地瞄了一眼，隨手擲在地上。我含淚撿拾散了滿地的一百多張鋼板，胸中燃燒著怒火，恨不能像他吃狗肉般將他拆吃落腹。

那個政戰楷模對狗肉之窮凶極餓，乃我生平僅見。如果在冬夜，他不是被狗咬了，而是被仙人掌刺到，他會不會下令伙房將仙人掌燉來進補？

# 1.

長期以來，動植物被人界定為財產，我們常殘殺動物來慶祝某些事情，這是蠻橫的物種沙文主義（species-chauvinistic）。王梵志有一首詩：「勸君休殺命，背面被生嗔。吃他他吃汝，輪迴作主人」，以因果報應勸世人不要殺生。

佛教、印度教、耆那教崇尚非暴力主義（ahimsa），尤其是耆那教徒不傷害生靈，甚至會過濾飲水、戴口罩，以免飲入或吸入蟲子。耆那教徒擔心不慎踩到昆蟲，還禁止從事農作，只好在都市裡經商。

早期的基督教致力於嚴格的素食，是為了戰勝肉體的邪惡，跟憐憫動物的苦難無涉。佛教戒殺生關係著輪迴果報；儒家不忍殺生，連萌芽中的草木也不忍摘折，則是從仁心出發。

許多我服膺的心靈都很慈悲：達文西開始他嚴格的素食生活後，常在城裡買籠中鳥到鄉間野放。聖雄甘地幾乎就是一個素胎，從襁褓起就受耆那教虔誠的素食主義、非暴力觀念影響……

現代工廠化的集約飼養是動物的集中營，出生即監禁在擁擠窒悶的空間，長大後強迫受孕，拆散母子，剝奪社群生活，為防止同類相殘而剪掉喙尖，殘酷載運、屠殺。

亞當斯（Carol J. Adams）就喟嘆：「吃肉是最具壓迫性、最廣泛對動物的制度化暴力（meat eating is the most oppressive and extensive institutionalized violence against animals.）」。這些，是素食主義的思想基礎及含義。

然則我對非暴力理念猶存在著疑慮。我們不見植物表達情緒，就以為植物沒有情緒，沒有知覺和感覺。科學家發現，一株橡樹會在斧斫逼臨時顫動，胡蘿蔔也會在兔子靠近時發抖。

拔下一株青蔥算不算殺生？一九六六年，測謊專家貝克斯特（Cleve Backster）實驗證明植物具高度敏銳的感覺力，並斷言植物會思想。吾人可以視非人動物具有心智、意識，為何不容許自己知道植物亦有感覺力？我們為動物謀道德地位，何以不能同等看待植物？

即使喝一杯水，裡面亦有許多微生物。面對飲食，我選擇最偷懶的辦法：迴避。我的迴避，可能就是福克斯（Michael Allen Fox）所譴責的區隔化（compartmentalization）傾向，無論在意識、情感上都迴避、忽視自己參與了對動物的殘酷屠殺。

## 2.

歷史上，素食者曾經飽受歧視。

十三世紀，禁止肉食的清潔派運動（Cathar movement）迅速發展，竟遭教宗英諾森三世（Pope Innocent Ⅲ, 1161-1216）下令十字軍剿滅。

當代廚師作家安東尼．波登（Anthony Bourdain）顯然也鄙視素食者，批評他們是一切美好、優雅食物的仇人，說他們是腦袋進水的人（waterheads），想像身體是不容動物蛋白質玷污的寺廟。

素食通常由某種因素形成；較少是天生的，或因蔬菜本身的美味。即素食多從理性出發，鮮少對食物的欲望和衝動。無論從道德、環境、經濟、健康哪方面著眼，素食主義都較具說服力。

在臺灣，素食表現出強烈的宗教意義，主要是佛教和一貫道；蓋天主教沒有輪迴報應的問題，沒有殺生的顧慮。許多素食餐館習慣播放佛樂和佛經唱誦，牆上掛著佛像，櫃上經常放置各種助印的善書，往往我們快速吃完一盤飯菜走出來，滿腦子還嗡嗡作響誦佛聲。為什麼吃素得被迫聽經？佛教原非素食的宗教。

佛教的宗教原則相當靈活，佛教徒不能宰殺或觀看宰殺動物，然則只要動物的生命不是由他們終結，動物肉還是可以吃的。佛陀本人從不放棄吃肉，在西藏、斯里蘭卡、緬甸和泰國，佛教僧侶既吃肉也喝奶。小乘佛教的僧侶都依靠乞食為生，卻不嚴格茹素，他們從不選擇食物，因此沒有排斥信徒們所提供的肉類食物；除非是不純潔的肉食。釋迦牟尼佛為比丘時即以身作則，他既非素食者，也不是喜歡肉食的人，他是一個標準的乞士。大乘佛教禁止肉食，其教義是普渡眾生，他們認為一個佛教徒只吃素食，不但有益身體健康，還保全了其他生物的生命。

中國的佛教徒茹素源自蕭衍。梁武帝蕭衍篤信佛教，提倡素食，《梁書．武帝本紀》記載：「日止一食，膳無鮮腴，惟豆羹糲食而已」。除了不碰葷食，他還不喝酒，不聽音樂，曾四次捨身同泰寺。佛教徒本來是不茹素的，在梁武帝影響下，許多佛教徒爭相倣效，使佛教緊密結合了素食，如此普及發展，形成中國漢族佛教徒拒絕葷食的傳統，並推動江南素食製作的水平。

蓮花是佛教的象徵，大乘經典所描寫的菩薩，往往或坐或立於蓮花之上，也多記載以蓮花供佛的故事。蓮花代表聖潔的德性，蓮遂成為慈悲符碼，許多素食餐館常以蓮命名，如「蓮香齋」、「蓮華」、「蓮池閣」、「蓮池會」、「蓮德品」、「蓮緣」、「淨心蓮」……

很多人對神明有所求，發願某段時間茹素。這真是佔盡便宜的願望呵，祈求神明庇祐，又能享受健康的素食。茹素常帶著打掃心靈的功能，像托爾斯泰（Leo Tolstoy）在卡山（Kazan）大學讀書時，縱慾放蕩，流連妓院，每晚喝得酩酊大醉；有個農奴為了討好他，讓自己漂亮的老婆為他生了一個私生子。這個俄國最顯赫的貴族後裔越墮落，罪惡感就越劇烈，逐漸想過簡樸的生活，逐漸活得像一個農奴。我覺得那是一條救贖的路。托爾斯泰五十七歲成為一個素食者，因為全俄國的農民只能吃素，肉太貴了，黑麵包和馬鈴薯才是他們的主食。

這很不容易，蓋人類一直對肉食有著渴望，植物性食物可以維繫人的生命，享用動物性食物卻可以在生存必需之外，予大部分人健康和幸福。

## 3.

這幾年有更多人投入有機農業，我最欣賞的是不老部落。不老部落在宜蘭寒溪村，海拔約四百公尺，是新部落，卻屬老部落型態，老的農牧生活。英俊的Wilang偕美麗的妻子Saya躬耕於此，認真要重建、開發泰雅的傳統文化。

不老部落採自然農耕法，適地適種，維護自然生態，不施任何農藥和肥料，僅在農作物周圍用雜草堆肥，鼓勵作物的根深入土壤汲取營養，「讓作物和土地談戀愛」。我注意到菜葉上甚少蟲的嚙痕，Wilang得意地說：「會有菜蟲是因為它們沒有天敵，不施農藥的菜園，菜蟲忙著應付天敵，沒有時間來吃菜。」

我迷戀部落裡的菜蔬，放養在森林裡的野育香菇，彷彿蘊蓄了天地的精華，讓我們重新認識這樣飽滿堅定的香味才是真正的香菇。部落裡所有菜蔬都美得感動人心，拔起一顆蘿蔔，隨便用溪水漱洗，即咬進嘴裡，伴隨清脆聲滋生的鮮甜像水梨，那濃郁的蘿蔔味是蘿蔔本色，如今卻難以復得。我們為了大量生產農作物，往往消滅了農作物本來的味道。

李漁的《閒情偶寄．飲饌部》目次按重要性將蔬食列為第一，並斷言：「飲食之道，膾不如肉，肉不如蔬」。笠翁先生認為蔬食之美在於清、潔、芳馥、鬆脆，能凌駕肉食的至美則是鮮。

蔬食，雖則不免簡單，往往卻能表示尊敬與感恩，《西遊記》第十三回敍述三藏被獵戶伯欽救回，晚餐伯欽款待他以幾盤爛熟虎肉，無奈三藏寧可餓死也不肯破戒，幸虧伯欽的母親出來解難：

叫媳婦：將小鍋取下，著火燒了油膩，刷了又刷，洗了又洗，卻仍安在竈上。先放半鍋滾水，別用；卻又將些山地榆葉子，著水煎作茶湯；然後將些黃粱粟米，煮起飯來；又把些乾菜煮熟；盛了兩碗，拿出來鋪在桌上。老母對著三藏道：「長老請齋。這是老身與兒婦，親自動手整理的些極潔極淨的茶飯。」三藏下來謝了，方纔上坐。那伯欽另設一處，鋪排些沒鹽沒醬的老虎肉，香獐肉，蟒蛇肉，狐狸肉，兔肉，點剁鹿肉乾巴，滿盤滿碗的，陪著三藏喫齋。

素食之美，在這段敍述裡表現得相當精采。獵戶奉獻的齋飯，雖然只有山地榆葉、乾菜佐黃粱粟米煮的飯，卻因為有了母媳兩人虔敬、細心的勞作，使那簡陋的齋食顯得充滿了美味，值得品嚐、禮讚、感恩。反觀伯欽自己吃了六種豐盛的野味，卻是「沒鹽沒醬」，試想，古時候缺乏冷藏設備，這些野生動物的屍體不可能新鮮，竟不給他任何醬料或鹽，腥臭之嚴重不難想像，那六種屍體吃起來不僅了無滋味，簡直是折磨，是把食肉者的腸胃當成動物墳場。

蔬菜通常比肉品便宜，白居易〈烹葵〉有幾句：「貧廚何所有？炊稻烹秋葵。紅粒香復軟，綠英滑且肥」，極盡蔬食之美。另一首詩〈食筍〉寫竹筍盛產，價廉物美：

此州乃竹鄉，春筍滿山谷；山夫折盈抱，抱來早市鬻。
物以多為賤，雙錢易一束；置之炊甑中，與飯同時熟。
紫籜坼故錦，素肌擘新玉；每日遂加餐，經時不思肉。
久為京洛客，此味常不足；且食無踟躕，南風吹作竹。

這首詩透露高明的烹飪技術卻鮮為人知：將竹筍和生米同炊同熟。我雖則尚未試過，卻能想像其中的深奧，其一，竹筍用炊煮的方式較泡在水中熬煮能挽留筍汁的鮮美；其二，竹筍的纖維在炊煮的過程，吸收了米湯，美化了筍的口感和滋味。

誠如詩中所言，吃素吃久了，會不習慣肉味，乃至斥肉反應。我的經驗是只要吃素超過一星期，就會覺得肉味頓失美感。聖雄甘地中學時在同學的誘引下吃了一塊山羊肉，以致好幾個星期無法入眠，每到半夜都會驚醒，夢見那隻山羊在肚子裡咩咩叫。

蔬食表現的就是這種清淡美學，陸游所謂的「食淡百味足」，蔬菜滋味最能表現素食美學。陸游喜愛蔬食，較少吃肉，他可能是最愛吃野菜的傳統詩人，〈蔬園詠〉系列詩作歌詠種菜、食蔬；其它像〈自詠〉：「薄酒如重釀，寒蔬抵八珍」；〈雜感〉：「晨烹山蔬美，午漱石泉潔」；〈食薺〉：「日日思歸飽蕨薇，春來薺美忽忘歸，傳夸真欲嫌荼苦，自笑何時得瓠肥」；「小著鹽醯助滋味，微加薑桂發精神」，蔬食最怕粗魯的獃廚，隨便添加大量的調味料，毀容般毀掉姣好的清淡美。

## 4.

從前在麗水街驚豔一家「夢見地中海」，我常去吃，也介紹隱地去，甚至在那裡舉辦時報文學獎的決審會議、餐會。我吃了很久才發覺原來是一家素食餐館。可惜美好的事物多很短暫，餐館竟忽然歇業了。我覺得像從一場悲傷的夢裡醒來。

素食的好處很多；但是，拜託把素菜弄美味一點。臺灣擁有全世界最密集的素餐館，遺憾大部分的素食餐館多乏善可陳。我曾慕名走進一家素食餐館，點了一客炒粿條套餐，包含蔬菜湯、前菜、一盤炒粿條、甜品和茶，貴得離譜。如果食物美味，貴一點其實無妨，可嘆蔬菜湯、前菜都很平庸。作為該店招牌的炒粿條口感似綠豆製品，缺乏米香，淹死在稀而多的醬汁裡，看來並無「炒」的工序；更糟的是粿條上的蔬菜了無滋味，花椰菜只是稍微燙過，硬得要命，差點把我的假牙咬斷掉。我邊吃邊懷念當年的「夢見地中海」，委屈得想掉淚。

最後那碗茶尤其侮辱人，錯把粗俗當藝術，雖直接將茶葉泡在碗裡，卻毫無茶味。有些人很奇怪，好像以為牆壁搞一點紅磚、室內擺幾張木質桌椅就很有氣質了。走出餐館，覺得不如隨便去咖啡廳吃一盤生菜沙拉，或買一個什麼蔬菜三明治罷。

我也曾誤入一家知名的歐式素食自助餐，菜色種類多，分熱炒、沙拉、滷味等等多區，頗具規模。可惜無甚效率，我用餐的半小時間，竟來買單兩次。令人洩氣的是除了素蚵仔煎（以松茸菇取代蚵仔）、麻油麵線，其它的東西味道很一般。熱度不夠的三杯猴頭菇（只有那小鐵鍋滾燙）；冷掉的pizza；微苦的筍湯……連煮竹筍都不懂得如何避免苦味，不曉得那裡來的廚師。此店強調使用「金字塔能量水」洗濯食材，究竟是什麼水？聽起來蠻唬人的，不過菜燒得不好吃，用三億年前冰山的水來洗菜也徒然。

我要忍耐，我一定要忍耐。上帝對人類說：「我愛你，所以要懲罰你」。祂賜我陋食，肯定是要我明白，這世界充滿劣廚。我不奢望每天都享受美食，但求祂再賜予我克服陋食的勇氣和力量。

美食是一種文化，一種品味。有沒有素食美食家？

我吃過最美的素餐在佛光山，遠勝過廈門南普陀寺的素宴。那次星雲大師賜宴，令所有朝山者體驗了素食的華麗和高尚，令我領悟人間佛教的文化深度。

# 5.

素食具陰性特質。

早期人類社會，女人多負責飲食的採集，男人則擔任狩獵。流血，代表征服，也關連著儀式化的動物犧牲，藉飲血獲取力量，達成盟誓。肉的象徵意義和男性氣概、權力連結，大塊吃肉、大碗喝酒是男性中心的飲食模式；肉類呈現、強化各種形式的父權。這種父權神話，自然，忽略女性採集者對人類社會的貢獻。

當代英國哲學家米杰里（Mary Midgley）說：「肉食顯示成功與富足，因而也顯示好客（meat-eating indicates success and prosperity, therefore hospitality.）」。有足夠的肉和別人分享，代表有一定的權力，能取得、擁有一定的財富。

素食令人謙遜，或者說謙遜者歡喜素食。

在素餐館，用餐者很少像我這樣的肥仔，放眼看去多顯得苗條，文雅，大家安靜進食，仔細咀嚼，以一種緩慢的基調，惜福用完，鮮見殘羹剩飯，頗有珍惜食物、敬重天地的意思。

陸游〈病中有述〉有一句「下箸如對敵」，面對食物如同面對敵人，謹慎，戒懼。日常飲食存在著許多風險，尤其肉食，路人皆知大魚大肉過生活嚴重妨礙健康。

曹操信奉養生術，〈陌上桑〉談到他的飲食之道：「交赤松，及羨門，受要秘道愛精神。食芝英，飲醴泉，拄杖桂枝佩秋蘭。絕人事，游渾元」，一方面保養精氣，不讓外務煩擾心神；一方面茹素吃補，常飲清泉水，明顯是傳統的道家養生術。

道家的飲食美學也是師法自然，遵循自然的律動。蘇東坡謫居嶺南，過了一年，朝廷未再貶謫，正高興可以保全性命，痔瘡卻發作，疼痛呻吟了近百日，由於嶺南缺乏醫藥，有也無效，道士教他「去滋味，絕葷血」，暫時不沾葷膻、美味，減量，並盡可能吃得簡單，「旦夕食淡麵四兩，猶復念食，則以胡麻、茯苓麨足之。飲食之外，不啖一物」，他發現食療效果良好，感受清淡寡欲的優點，並在其中體會「味無味之味，五味備兮」，飲食美學從此到了雲淡風輕的境界。

工廠化的動物農場，生存條件非常擁擠，動物不免吃進同類的糞便，增加罹病的危險；密集化飼養使抗生素成為飼料的一部分，病菌遂產生了抗藥性，直接危害人類。

目前素食較肉食健康的科學論據已頗有累積，有些人甚至相信素食會增長力量，斷言牛、馬、象之所以體力那麼棒，是因為牠們吃素；獅、虎、豹之類徒具爆發力，卻缺乏耐力，因為牠們吃肉。吾亦愛蔬食，然則上述的邏輯有問題，我們明白素食之美，卻不好妄自推論，不能拿獅虎跟象馬比較，而應在同物種間比賽才公平，例如吃素的獅子和吃肉的獅子、吃素的老虎和吃肉的老虎比比看，誰的力氣大？

職業運動員中，像殺手考夫斯基（Killer Kowalski）這樣擁護素食主義的畢竟是極少數。考夫斯基二十一歲時開始放棄吃肉，竟發現力氣、耐力急速地增長，在摔角場上打遍天下無敵手，他身高二〇三公分，體重一百一十三公斤，總是濃眉緊鎖，神情駭人，格鬥時的狠勁，更令所有的選手畏懼。

## 6.

自古以來素食就是一種節儉的生活方式，容易取得而且通常較便宜。蕭伯納之所以吃素，最初是經濟考量，他二十五、六歲時阮囊羞澀又勤奮寫作，大英博物館附近有許多素食餐館，蕭伯納在博物館的圖書室工作了一上午，就走進素食餐館飽食一頓便宜的素餐。

美國所種植的穀物和豆類，有四分之三用作動物飼料。肉品一向比較昂貴，在美國，每生產一公斤牛肉，要用掉七公斤玉米和大豆；每生產一公斤雞肉，要用掉三公斤飼料。

素食又不見得都便宜，一九三三年蕭伯納搭郵輪過境上海，為了讓大文豪嚐嚐中國香積廚的風味，邵洵美作東在功德林午宴，與會者有宋慶齡、蔡元培、魯迅、林語堂、楊杏佛，七個人吃掉四十六銀元，當時一席魚翅宴大約只需十二元，功德林的素菜竟四倍於魚翅席。

多年前我擔任慈濟大學顧問，負責籌劃東方語文學系，到校第一天即獲贈一套環保餐具。我在校園餐廳用餐，吃的自然是素食，每次吃飽了飯，將餐具洗乾淨，帶回去下次再用，好像受到上人的感召，以一己的小行動參與了地球的維護。當時並不覺得校園裡的菜肴有何特別，如今卻懷念那裡的炒麵和綠豆湯。

柏拉圖所構想的烏托邦是素食社會，他相信素食比較健康，也意識到素食的土地利用方式較有效率。這是非常有洞見的環境倫理。提倡素食常令人心生焦慮，最新的數據顯示，生產肉食的二氧化碳排量，是素食的三倍。

關於素食環保，雪萊（Percy Bysshe Shelley. 1792-1822）顯然早有洞見，他認為吃肉不但糟蹋生命，也過度奢侈，浪費耕地：「養肥一頭食用牛所消耗的高營養蔬菜，數量足以供十倍的人口食用……如今我們最肥沃的地方，多用來種植給動物吃的作物，浪費的糧食難以計數。」

素食可令地球轉向一個更美好的未來。

# 7.

常有人詢問：「那裡有美味的素食？」臺灣非無用心經營的優質素食餐館，例如「鈺善閣」、「水來青舍」、「青春之泉」、「京園」、「斐麗巴黎廳」、「寬心園」……

「鈺善閣」的用餐空間以竹、花、草、石布置，帶著輕度的禪意。店家強調食材新鮮，且不使用化學添加物烹調。菜色多用季節時蔬來創作，並採懷石料理的呈現方式，做工細緻，我每次去一定要吃的是「胡汁猴排」，此菜製作費時：猴頭菇先用水沖泡一整天，以消除其苦澀味；再醃製一天，拍打成排後入鍋油煎，成品淋上黑胡椒、迷迭香調製的醬汁。猴排的旁邊綴飾著用梅子醋漬過的蜜番茄，頗有解膩之效。服務員會伴著一杯「天醋香草」送上桌，並解說番茄如何飽含對人體有益的胺基酸，而那杯醋飲又怎樣以薰衣草、蜂蜜調製，能夠中和血液的酸鹼值，還可以舒鬆壓力。

「鈺善閣」是一家高級素食餐館，高級的餐館多以健康、養生為訴求，這是全球性的趨勢。可惜此店的樓梯稍陡，恐怕不適合老人家。

我期待這樣的素食餐館也能夠有侍酒服務。

# 8.

大戴禮記：「食肉勇敢而悍，食穀智慧而巧」。真的假的？不過，如果茹素能變得像畢達哥拉斯的數學那麼好，我情願成為畢氏信徒（Pythagorean），終生都吃蔬菜。

我有時吃素，並無任何理由，只是隨性想吃。飲食毋需太忌口，想吃什麼就吃什麼，否則盡吃些不歡喜的東西，未免活得太辛苦了。

素菜葷名是中華素食的特色，乍看彷彿吃素者亟思葷食，遂取葷菜名，並在烹調時模擬葷菜味，聊以安慰肉食的渴望。然則也不盡然，素菜葷味是一種烹飪的創意和想像力。

吃素不是吃齋，佛法中的「六齋」是每月修六天齋戒，修的是清淨心。

茹素更非禁欲，也不是斷絕味覺的快感，萬不可自甘囚禁飲食所可能帶來的愉悅，釋放味覺是審美的基本心態。臺灣有許多素食模擬各種肉品的滋味，如生魚片、烏魚子、魷魚、燕窩、東坡肉、麻油雞、紅燒獅子頭……其維妙維肖，招致許多無理的批評，說吃素就吃素，何必思念著葷味。

這是對素菜葷味的偏見，蓋模擬是一種創意，通過肖真的口感，不僅衍生趣味，亦拓展味蕾的經驗，令嗅覺和味覺從密閉的囚禁狀態釋放出來，開發審美的想像力，其滋味有時更勝於所模擬的肉品，拓展素食者的味覺向度和審美領域，為素食開闢嶄新的廣闊天地。

素菜葷味是一種烹調的表現方式，挑戰僵化的認知傳統。法國哲學家德勒茲（Gilles Deleuze）說：世界是通過各種不同的方式來表現和複製的，他強調，那些以為現實和表現之間只有一種理解方式的觀念很荒謬。

模擬物隱藏著一種積極的力量，它描述肉品，否定肉品，進而創作新的菜蔬意義。肉類之腥羶，不免依賴各種調味料來修飾、掩蓋。

高級的食物總表現輕淡，原味，清淨之美。我們的舌頭混跡江湖久矣，味蕾遭劣廚用味精折磨得呆滯，被濃油赤醬欺瞞得不辨是非，不知蘿蔔之甜，不識馬鈴薯之香。烹調得宜或不加烹調的蔬菜可能是一種救贖，救風塵般拯救日益遲鈍的味蕾，重新認識食物本味。

我喜愛生長自大地的葉菜，它們各自都有豐富的表情：含蓄包裹的高麗菜，充滿生命活力的地瓜葉，纏綿縈繞的川七……可能，有一段時間對我來講，蔬菜的觀賞價值超過食用價值。

我從小拒吃葉菜，我又不是牛，幹嘛嚼草。後來慢慢明白，蔬菜也可以處理得很美味。蔬菜不好吃，肯定是遭到劣廚毒手。我親近庖廚多年來，逐漸覺得愧對蔬菜。

沒有人能真正忽略美麗的事物。我越來越歡喜蔬菜，在市場，蔬菜最能表現季節（奇怪，很多人冬天還吃生菜沙拉？）和鄉土風情；我發現，飲食文化越深刻的地方，越熱愛蔬菜。現在我宴客的菜單，逐漸視蔬菜為主角，不是為了健康，純粹是追求美味。

從前，素食者常會招致異樣的眼光，感謝晚近營養學的發達，使素食者像最開化的文明人。

——二〇〇八年

# 論早餐

# 1.

接到開學通知，忽然覺得整個天空烏暗了下來。

我自知今天還在教書，是因為歡喜校園生活，尤其歡喜和年輕人在一起學習知識。之所以聽聞開學就沮喪了好幾天，追究起來，原來是早餐。我苦尋四年，學校周圍，竟無差堪入口的早餐。

路途唯恐塞車，我通常大清早即抵達學校，有一次匆忙到九舍餐廳買了一個漢堡，卻無論如何難以下嚥，那漢堡不知怎樣製作出來的？冷而乾的麵包，咬下去滿嘴盡是美乃滋和番茄醬，只要一口，就足以摧毀精神意志。那漢堡自然不能算是食物，我懷疑即使是一隻飢餓的老鼠，也不願咬一口，有這種東西在校園作怪，難怪第一堂課的學生總是委靡不振。

從前，近後門處有一家「東和」早餐店的蛋餅還不賴，店家自製蛋餅皮，因為麵粉用得多，皮比一般蛋餅皮厚幾倍。除了麵粉，他們的蛋餅皮還使用蛋、起司粉攪拌，乃產生厚實、軟腴的口感。這種蛋餅我曾在小學三年級時嚐過，有位同學常帶一整盒便當的蛋餅來學校，那是他母親自製的點心，我有幸分食，懷念不已，沒想到四十年後又逢此味。人世間一切事物，都在永恆的消逝之中，就像這塊蛋餅，我以為永遠遺忘的小學時代的事情，忽然從一塊蛋餅中湧現出來。沒想到「東和」竟忽然結束營業，令人產生「逝者如斯」的感歎。

我的感歎帶著恨鐵不成鋼的氣忿，同樣在中壢，中原大學附近的美味就遠勝於中央大學，我納悶這種集體不長進的現象是如何因循下來的？無法用消費行為來鞭策店家嗎？

一天三餐中以早餐最值得期待，我為了趕早去上課而吃得粗鄙，日漸覺得面目可憎。

有一天早晨去輔大，我剛在校園裡吃過豆漿燒餅，發現旁邊是一家「吊帶褲」，難道是內湖那間餐館的分店？店員說是，遂趕緊進去吃第二次早餐。那客西式早餐才新臺幣五十五元，包含煎雙蛋、厚片土司、一大片里脊肉，和咖啡。那杯咖啡又醇又香，深深令人著迷，我好久沒來輔大了，校園裡竟出現如此魅人的風景。坐在落地窗旁讀書，啜飲咖啡，眼睛倦了，看看窗外蓊鬱的榕樹、草坪、銅雕，和身邊的各種花木，覺得輔大學生是幸福的。難怪我在校園裡看見他們，多健康又迷人，肯定是吃了「吊帶褲」的早餐。

我一直不能苟同將早「餐」作早「點」，因此，早晨對燒餅、油條之屬，向來殊乏興趣。我天生就一付農夫的胃腸，早晨起來最想吃碗乾飯，喝點熱湯，可惜早起賣飯的店家頗少。年輕時住在高雄，最常吃的早餐是巷口的豬舌冬粉，冬粉湯加豬舌是南部人的創意，臺北賣的冬粉湯，多加豬小腸或肝連肉，味道不如豬舌遠甚。

## 2.

有一段時期，我每天早晨睡覺，下午起床。這樣日夜顛倒的作息顯然違反大自然的循環節奏，不僅傷害身體，更沒福氣享用早餐，遂趕緊糾正回來。

有人喻三餐為金銀銅，以彰顯早餐的重要性。我不曾在乎吃進肚子裡的是什麼金屬，只介意美味與否。日本人栗山德子在他的書中指出公司面試新員工，最重要的一個問題應該是「你每天早餐吃甚麼？」並斷言：喜食蔬果的人是認真勤勞的員工和好學生。

栗山德子簡直胡說八道。福爾摩斯的制式早餐是白草菇火腿炒蛋、草莓果醬烘起司、咖啡，不算豪華，甚至有點簡單而缺少變化，難不成他缺乏想像力？哈姆雷特的胃口不佳，每天只能吃一點水果，如果說食物影響性格，莫非哈姆雷特的陰鬱、猶豫、多疑是來自水果？而唐吉訶德性格快樂，難道是因為他嗜肉——每晚都吃牛肉沙拉？

從前我常驅車到興隆市場附近享受早餐，如果獨自一人，通常放縱口腹之欲，坐在景華街口的小攤吃米粉湯，再切一盤大腸頭、一盤頭骨肉、一盤臉頰肉；如果帶著妻女，輒吃「聯禾咖啡」的歐式早餐，我愛極了這家咖啡廳的專業，和現榨果汁，餐後再飲一杯國寶藍山。

## 3.

我最常吃早餐的地方是永樂市場和南機場社區。我家距永樂市場東南方約十五公里，為了避開上班塞車時段，我清晨即起，匆忙駕車趕往。永樂市場裡面頗有好吃的所在，如一般人熟知的「林合發油飯粿」；市場外面有好幾爿攤販般的小吃店，像「永樂雞捲大王」、「通伯臺南碗粿」、「臺南土魠魚羹」，一早吃「永樂雞捲大王」的肉粥、雞捲、麵線糊是非常陽光的，這些食物適合用來開啟美麗的清晨。

「通伯臺南碗粿」和「臺南土魠魚羹」的店面狹窄淺仄，桌椅多露天擺到店外的巷道，卻無損其生意興隆，也都有美好的老滋味。章景明教授退休前曾請我來「通伯臺南碗粿」吃滷肉飯、炸蝦捲、滷鴨蛋、大腸，在炎熱的中午，揮汗扒飯，領略庶民的滋味，痛快淋漓。

此處最出名的自然是「旗魚米粉」，這攤的營業時間只從清晨六點半到中午十二點半，品味的時間不長，有心人都懂得善自把握。

旗魚的肉質較柴，撕成碎片和紅蔥頭煮米粉，使米粉湯有著驚人的鮮甜，迴異於豬骨、豬腸熬煮的米粉湯。魚肉的嚼感也剛好能融合米粉，是一種快樂的搭配。食用前再擱些韭菜末，色澤和氣味都非常美妙。

我正在吃旗魚米粉，看見一個也是趕來吃的年輕人，摩托車緊急煞在市場口，彷彿餓極了，又像害怕吃不到旗魚米粉，車未停妥即奔向米粉攤，安全帽順勢掉落在地，滾到巷道中央，他只好無奈地又跑回去拾起安全帽，固定在摩托車上，才坐在我旁邊點食。

初次來吃時，服務的婦人也端了一碗米粉湯坐在我對面，邊吃邊鄭重推薦：「早上吃一點油葷較好，以前我的胃很糟，後來吃這些米粉就較快活了」。這攤所賣的東西果然頗為油葷，不僅米粉湯加了豬油，小菜更全是炸物。

日頭漸升的早晨，坐在巷口吃旗魚米粉、炸蝦仁、炸紅燒肉、炸蚵仔，無一不美，我尤其偏愛炸蝦仁，一種坦誠而深刻的鮮甜味。日頭漸升，我通常會點食所有的炸物，慢慢享受，啊，迪化街，日治時期的永樂町，我抬頭總看見「屈臣氏大藥房」如今只剩下一壁外牆，挽留門面般挽留著昔日的風華。我知道這裡是從前大稻埕的中心街市，裝飾了山牆、女兒牆的閩南式房屋，櫛比的殖民風情的洋樓，一間間長條形連棟式的南北貨店舖，柱頭上繁複的紋飾，集散著大陸來的藥材、絲綢、陶瓷和臺灣去的米、糖、樟腦，集散出許多老行業。

我好像坐在古蹟中品嚐早餐，感覺奢侈到有點激動。我想到郭雪湖先生的膠彩畫作〈南街殷賑〉就是描繪這裡的熱鬧景象——人們正在歡慶中元，高聳的樓房，放大比例地棟棟毗鄰，潮湧般的人群、攤販、旗幡、招牌，空氣中鼓盪著鼎沸的市囂和香火味，招牌上清楚可見「蕃產」、「蓬萊名產」，我好像還聽得見霞海城隍廟的鞭炮聲。

吃旗魚米粉時不免想像昔日摩肩接踵的人潮。李臨秋在這裡創作了臺灣最著名的歌謠〈望春風〉，泡麵發明人吳百福赴日前在這裡賣針織品……日治初期，臺北市人口有一半住在大稻埕，人間的繁華與蒼涼，喧嘩與油煙，竟濃縮在這窄而短的街巷間。

## 4.

早餐在性格上是最家常的，因此牛肉麵也是不錯的選擇，那麵條熱呼呼地推開腦門，像一篇晨禱，令昏眊的靈魂突然清醒。可惜早晨賣牛肉麵的商家甚少，我較常去師大路的「大碗公」和懷寧街的「新福」，臺北市素以牛肉麵聞名，那麼多美味的牛肉麵店為何忽略早晨？

有時忙得不克出門覓食，輒在家裡煮泡麵。我最理想的早餐還是吃飯喝湯。如果我想要整天都很愉快、待人親切，如果我想要整天都精神飽滿、工作勤奮，我就會大清早趕到離家往西十三公里外的南機場社區吃早餐。

大學畢業時我就賃居於南機場社區，這裡早年是臺北市的貧民區，公寓多蹇陋跼促，為滿足勞動者口腹的廉價攤販大約從一九七六年開始聚集，形成臨時攤販集中區。南機場社區又叫「忠勤社區」，周遭環境有點骯髒，每次走在忠義國小旁的紅磚人行道上，隨處可見貓狗的糞便，蒼蠅亂飛；然則這裡卻是我鍾愛的藍領美食區，營業以夜市為主。

二〇〇三年SARS蔓延期間，傳出四個住在南機場社區的學童疑似感染，臺北市衛生局即把該處視為社區感染的高危險區，一時之間風聲鶴唳，大家緊張得像戒嚴。我自然也非常沮喪。那時候，流動攤販消失了，夜市裡交通異常順暢。我常吃的「秀昌」水餃，從前每天可賣一萬粒至一萬八千粒左右，縮減成生意不到三分之一。從前，肉圓攤一天只賣三小時，我每次去都得耐心排隊，緩慢移動，等了好久才終於輪到我吃肉圓，而今安在？從前，那家鐵板燒，每天要做二百人以上的生意；疫情期間，有一天中午我去，一個客人也沒有。

我認為，全臺北最佳的早餐場所是南機場社區。大清晨，這一帶即熱鬧著各式賣早餐的店家和攤販：清粥小菜、三明治漢堡、韭菜盒、水煎包、米粉湯、蚵仔湯、燒餅油條、福州麵……說來臉紅，我的早餐總是過於豐盛。

每一天清晨彷彿都有某種強烈的誘惑，召喚我驅車到南機場社區吃飯。我經常先在麵店吃一碗福州麵，那麵散發著豬油的香氣，喚醒食慾。走出麵店，不到二十公尺即來到我最歡喜的小攤。

此處有兩攤賣魚，邱姓夫婦這攤是臺南人，以賣虱目魚為主，包括魚肚、魚頭、魚腸、魚皮、魚丸，自然還有虱目魚粥，點食率最高的是魚腸。這對年輕夫妻清晨六點半即開市，大約七點三十分以前抵達才有福氣吃到魚腸。我曾聽一位老伯語帶威脅地，跟老闆埋怨再吃不到魚腸，就放火把攤販燒掉。其實他們的滷肉飯也美味，不過為了品嚐魚的鮮美，我通常點食白飯，吃完了魚才點食滷肉飯。

如果錯過了這時段，別慌別慌，標榜「岡山肉燥飯」的另一攤販八點開張，但魚腸量少，搶吃的時間短促，必須準確抓緊時間，大約十分鐘之內魚腸即售罄。每天都這樣：七點五十分左右，食客已陸續就座，這些都是專吃魚腸來的內行人，不勞吩咐，大家都拿著竹筷，學童般等待，幾十隻眼睛催促著老闆的動作，饞涎欲滴，盯著他俐落地將一大包魚腸下鍋，猛火快煮，他邊煮邊清點人數，一字排開盤碟，迅速均分煮熟的魚腸，送達每一個食客面前。

我愛坐在街頭，聽各種野性的吆喝，看掌勺的老闆面對滿座的食客，動作敏捷、流暢，似乎食客再怎麼蜂擁也游刃有餘。我是熟客，常常自己端走老闆剛起鍋的食物。有一天我剛端著魚腸落座，同桌一個約莫七十幾歲的老太婆，眼見比自己晚來的人竟已大模大樣地吃起來，遂按捺不住怒火，高聲對老闆娘開罵：

「幹你老爸！獟查某！破雞巴！你是臭耳郎？抑是臺灣話聽無？你祖嬤在這等一晡，嘸通好吃；這個眼鏡仔一來就有通好孝孤，你娘咧！錢要給你賺，你不知通好賺……」

我和這老太婆相距不過半米，口水不免多噴到我的魚湯裡，她這樣指桑罵槐，罵得老闆夫婦丟下手邊的活，趕緊跑過來鞠躬道歉，也害我慚愧得不敢抬頭，抱歉地繼續吃。然則，是什麼美食令人不耐多等？什麼美食令一個老嫗中氣十足地罵街？

清晨的南機場社區充滿了生命的激情和活力，空氣中透露著一種吃大鍋飯的氛圍，食客大部分是藍領勞工，只有我穿西裝打領帶。穿什麼無所謂，我毫無不自在感，要緊的是我們早餐都愛吃飯佐魚，吃飽了各自去幹活。

魚腸比魚身易腐，不耐長途運送，因此離開嘉南平原，就不易嚐鮮。我尤其偏愛邱姓夫婦的小攤，料理更為精緻，絲毫沒有苦味。處理魚腸，須先仔細摘除膽囊，擱老薑在水中煮沸，放入魚腸，再加米酒、九層塔續煮，食用時佐嫩薑絲、蘸芥末。

那魚腸其實是魚的內臟，還包含了魚肝、魚肫等等，口感頗繁複——肝的粉嫩，腸的軟腴，肫的爽脆，蘸些芥茉醬油，同時在嘴裡交響，細膩綿腴，忽然有一種微醺的快感。那魚湯極其鮮甜，不在話下，湯裡是一塊肥碩的虱目魚肚，脱落的些許脂肪，漂浮在薑絲、羅勒葉之間，美得宛如徐志摩〈再別康橋〉所歌詠的「彩虹似的夢」。

我往往在前一夜想到翌日清晨即可吃到美味的虱目魚腸、魚頭、魚肚、魚皮、魚粥而充滿了幸福感，含笑地睡著。翌日清晨即起，想起將面對的魚湯，我心中就綻放著桔梗花。

面對早晨的魚湯，彷佛面對一篇虔誠的禱詞，「神的路途穿越鹹海和覆雪的山巔，人眼不見其痕跡」。這是莊嚴的一刻。我可能睡眠不足，覺得睏乏，幸虧吃虱目魚的希望支撐著。那碗湯有種神秘的力量，為每一個早晨注入生命力，鼓舞我、召喚我打起精神面對新的一天。我將會整天很辛勤地工作，有資格吃這一頓。

飽食一頓早餐，不僅是肚皮腫起來，胸中同時也升起熊熊溫情——意味著精神的歡愉，世界呈現美好的光明面，緊鎖的眉頭會釋放燦爛的形容，密佈的皺紋舒張了微笑，周圍的貓狗草木都顯得溫柔可愛，忽然好想擁抱背著書包的學童，想熱烈地緊握鄰桌勞工朋友帶勁的手。飽餐之後，一種遼闊的慈祥感湧上心頭，衝動地想多給孩子兩倍的零用錢，隔壁的惡鄰居看起來已不那麼勢利眼，彷佛我不是在紅磚道上趕路，而是漫步在琴鍵上。

然則邱氏夫妻歡喜休假，我們不一定每天都有幸漫步在琴鍵上。有時候碰到他們沒營業，不免失望地安慰自己，不要緊，明天再來吃，先到另一攤吃高麗菜飯、滷吳郭魚、蚵仔湯。第二天清早再去，還是不見他們的蹤影，忽然被連日來的陰雨攪得煩亂，負氣地，隨便走進麵店吃一碗福州麵。第三天又冒著滂沱雨勢去，虱目魚攤猶原沒開張，生氣的心底升起一種被辜負的難堪，他們怎麼可以這樣對待我？怎麼可以這樣對待我？

幸虧他們並未不告而別。

我一直以為自己的腸胃是淫蕩的，見一個愛一個，缺乏貞操感。今天愛上清粥小菜，明天愛上米粉湯，後天愛上牛肉麵，大後天可能又忽然愛上韭菜盒、蛋餅、三明治、漢堡……

真的，人的感情往往並不持久，上個月猶深愛著某一個人或某一種食物，這個月忽然移情別戀了，毫無歉疚地愛上另一個人或另一類食物。可我對虱目魚用情之專，似乎歷久彌堅。每天早晨，我都希望能見到虱目魚，我心裡明白，生活中不能沒有這攤販，它遷移到那裡，我就追到那裡。

——二〇〇五年

論便當

## 1.

便當往往連接著冗長的會議，開會鮮有不無聊的，冗長而無聊的會議加上恐怖的便當，不輕生已經萬幸了，誰的頭腦還能殘存創發力？

從前我若上、下午都有課，常拜託助教訂便當，那些便當都很難吃，想來可怕，至今竟已吃過數百個這種便當。我明白虧待自己的味覺和腸胃，可也無奈，午休時間那麼倉促，不暇尋覓美味；何況助教已經努力變換各家自助餐廳了，學校附近確無差堪入口的便當。

每次我走進研究室，坐下來，打開便當盒，看一眼就有跳樓的衝動。

倪敏然自殺前，最後的身影出現在頭城火車站月臺，他買了一個五十元的便當，消失於電視錄影畫面。臺灣的鐵路便當數十年如一日，匪夷所思的是各地皆同——滷豆乾、滷肉、滷蛋，真是可怕的集體惰性。我們知道倪敏然罹患重度憂鬱症，一個決意尋死的人，已經萬念俱灰了，如果又吃到難以入口的食物，委實再推他墜入萬劫不復的深淵。

如果，他陷於人生乏味的困境時，巧遇美好的食物，完全有可能鼓舞生命的激情和勇氣吧。伊朗導演阿巴斯．奇亞羅斯塔米（**Abbas Kiarostami**）的電影作品《櫻桃的滋味》（*The Taste of Cherry*）中，有一位老人自述在年輕時想輕生，他爬上櫻桃樹上吊前，隨手摘了一顆櫻桃吃，驚訝那櫻桃的甜美，竟一顆顆地吃了起來，忘記要自殺。清晨金燦燦的太陽升上來，學童們的歡笑聲經過樹下，他覺得櫻桃太好吃了，遂摘了一些回家和老婆共享。

老人對那想死想得快瘋掉的男主角說：「你不想再看看星星嗎？你想閉上自己的眼睛嗎？你不想再喝點泉水嗎？你不想用這水洗洗臉嗎……你想放棄櫻桃的滋味嗎？」

生命果然不乏疲憊、憂鬱、沮喪和絕望，美食是絕望時的救贖，往往能帶領我們超越困境。我設想倪敏然那天吃到了一個異常美味的便當，夕陽有了美麗的背景，他肯定會睜眼觀看「萬紫千紅的晚霞」，肯定會有某種力量或意義自胸臆升起。

## 2.

每個人或多或少都有一段便當經驗史，從一個便當可窺見一個家庭或某地方的飲食文化。

求學時代，母親為我送過便當，便當盒用一塊布包裹起來，有保溫、防漏之意；吃完便當，用便當盒裝茶喝。不知何時起，那覆在便當盒上的布巾消失了，取代的是觸感極劣的塑膠袋。

求學時好像餓得特別快，上午即已飢腸轆轆，大家常吟兩句打油詩：「舉頭望黑板，低頭思便當」。為安慰飢腸，有人故意不蒸便當。中午吃便當是人心激動的時刻，大家同時打開便當盒，各種家庭廚房精心烹製的香味鼓盪在教室裡，空氣中充盈著幸福氛圍。

梁實秋在〈早起〉一文中描寫五〇年代的臺北生活：「走到街上，看到草上的露珠還沒有乾，磚縫裡被蚯蚓盜出一堆一堆的沙土，男的女的擔著新鮮肥美的蔬菜走進城來，馬路上有戴草帽的老朽的女清道夫，還有無數的男女青年穿著熨平的布衣精神抖擻的攜帶著『便當』騎著腳踏車去上班」。便當是日本人發明的，便當之普遍存在，顯見臺灣人長期受日本文化的影響。梁實秋新來乍到，對此物頗為好奇。

便當，日本人叫「弁当」，類似便當的器具，在《源氏物語》中稱為「檜破子」；室町時代末期、江戶時代初期的形態則多為籃子，乃人們旅行、欣賞櫻花、探望親友時所攜帶的食物器具，叫「破籠」；「破」意謂可以上下分隔，「籠」在日語中有籃子的意思。可見「弁当」這詞語的出現不會早於室町時代，開始使用，大約在織田信長（1534-1582）生活的年代。自然，當時能帶「弁当」出門的人肯定比較富裕，一般鄉村居民只能帶飯糰。

## 3.

大一上表演課，導演訓練我們腹式發聲，命大家模擬火車月臺便當販的叫賣：「便——當，便當，燒的便——當」，唸經般重複叫喊一個小時。話劇演員在舞臺上講話必須能傳到劇場裡的每個角落，即便是講悄悄話，也必須讓現場每一個觀眾聽清楚，舞臺上的發聲技巧就很要緊。

從前火車停靠月臺，總是有人推著便當叫賣：「便——當，便當，燒的便——當」，聲音宏亮卻非嘶喊，舉重若輕般沿著車廂外兜售，節奏感良好，帶著長亭更短亭的漂泊感。那聲音似乎迴響在記憶的每個角落。

鐵路便當是火車旅行很要緊的配備。月臺上應該繼續賣便當，而且每一站的便當最好都不同，融合當地的名產，這才是火車的風景線。

蘇南成先生曾告訴我：福隆車站的鐵路便當最贊。我聞言即遠赴福隆買便當，唉，難道買錯了？還是滷豆乾、滷肉、滷蛋，那豬肉猶帶著膻味，面對它如面對政客的嘴臉。

近年臺鐵推出懷舊便當，使用不鏽鋼圓盒，配備提袋、不鏽鋼筷，賣便當的同時賣出了紀念品，銷售成績不惡。我認為這是一種表相的懷舊，消費懷舊情緒，其實未消費到好滋味，臺鐵雖則請回退休的高齡老師傅督導製作，這種便當的內容依然千篇一律：滷排骨、滷蛋、炒雪裡紅等物。在貧困的年代，便當裡有一大塊排骨，堪稱有點奢華的享受；如今到處都是排骨，我們已經不能滿足於吃得飽的層次。

從前的鐵路便當之所以被懷念，並非便當太好吃，毋寧是一種旅行感所渲染。在出國還不普遍的年代，火車站月臺就是現代陽關，當火車緩緩啟動，有人輕聲道別，有人拭淚叮嚀，吆喝聲夾雜在廣播聲中，小販背著便當箱追趕列車，和半身伸出車窗的旅客交易。火車越開越疾，窗外可能是綿延的山海田野，一邊看風景快速奔跑，一邊若有所思地吃便當。念去去，千里煙波，當年那個便當盒帶著離別的身影，復經過記憶的點滴修飾，隔了幾十年，已編織成一則美麗的傳說，越來越動人。

便當的內容一定要有趣，最好能表現地方特色和季節感，過度依賴醃漬物顯露出缺乏想像力和創造力。火車不僅是交通工具，何況要面對高鐵嚴峻的競爭，如果每一中、長途列車都能從「行走的好餐館」的概念出發，沒有理由生意差。

即使滷味組合，每一道菜也都要用心思細作，滷味並非胡亂浸泡醬油就算搞定，除了表現起碼的醬香，必須滷得透又不虞滷得柴，這就要將材料浸泡在滷汁中兩三天，令滷汁滲透進材料中，如此滷物方能入味而富彈性。

滷味中參加一兩片白醋薑、蔭瓜很美妙，像從前的池上飯包添入一粒酸梅，是很日式的辦法。

## 4.

日本人的便當文化傲視全球。

天下便當以日式最具繪畫美，日本便當習慣在白米飯上撒一點芝麻，中央再放一顆梅子，像太陽旗，我稱之為日本便當的原型，是日本便當美學的起點，美感從這裡展開。羅蘭・巴特（Roland Barthes, 1915-1980）旅行日本時吃到便當，深受震撼，認為菜色的布置即相當講究視覺效果，各種零碎的食物秩序地在黑盒裡像一塊調色板，用餐過程類似於畫家坐在一堆顏料罐前，那邊吃點米飯，這邊蘸些調味料，那邊再喝口湯，選擇食物創作般自由，很賞心悅目。

日本最普遍的便當是一種四格「幕之內」，由白飯和數種菜肴構成，最初是表演者、觀眾在劇院中場休息（幕間）時吃的便當，故名。目前全日本「驛便屋」有三百多家，供應約三千種不同的鐵路便當，只有「幕之內」大概到處都有。

我最嚮往日本人的賞花便當，櫻花盛開時在樹下掀開飯盒，落英繽紛，落在便當盒裡，再怎麼平凡的菜色，也會有了華麗的身姿。

便當也可以是一場迷你饗宴，日本高級料理亭的宅配便當講究季節風味，布包巾裡是紅杉便當盒，便當盒裡羅列著竹筒飯、多款壽司、各色青菜、魚、肉……往往多達二十種。這種便當的高級美學不在菜色繁複，乃是如何讓繁複的菜肴互相發揚，彼此支援，在滋味、色澤、擺佈各方面共同細膩地表演。

櫻井寬、早瀨淳的漫畫《鐵路便當之旅》描述宮島車站的便當店如何製作「星鰻飯」：每天直接從漁港嚴選質優量少的金星鰻（瀨戶內海特產），處理乾淨後用煮過的酒、湯汁入味，先以大火烤一下，再蘸上醬汁，接著以小火慢烤，如此重複三次這樣的步驟；最後塗上美味的醬汁，整齊排在木質便當盒裡的白飯上，進行「習慣」程序——讓烤星鰻的美味滲透進仔細煮過的飯裡，再包上紙。這種便當，每一個都用了兩條金星鰻，非常奢華。

我建議便當業者到仙台的便當店取經，日本插畫家平野惠理子採訪當地的便當工廠，進入前須穿過強風閘門以吹掉身上的灰塵，再換上消毒過的衣帽鞋子，「一進去就讓人感動莫名的，是室內那股教人不禁高呼『清潔！』的味道。在飄散著淡淡菜肴的工廠裡，怎麼還能出現那股清爽感呢？在這裡，不論亮度、氣溫、濕度，全是我未曾經歷過的舒適。經過那次參觀，我才明白便當之所以美味，裝菜的環境實在是很重要啊！」

日本的鐵道便當每一站不一樣，多很精采，像信越本線橫川車站的「山嶺釜飯」，用陶製小缽裝著，打開緊閉的木蓋，一股山野香味即撲鼻而至。他們的創意和巧思充分表現在便當上。新幹線有一種便當，只要撕下貼紙或拉開盒底的繩子，就會立刻加熱。其它的名便當諸如東京站賣集大成的「超級便當」，下關站以「河豚壽司」聞名，橫濱站是「燒賣御便當」，宮崎站賣「香菇飯」，門司站售「明太子便當」，大分站是「青花魚壽司」，到了延岡站換成「香魚壽司」，八吉站則是「栗子飯」……我在日本搭火車時，一趟路程買了許多便當。

村上春樹小説裡的食物多為西式料理或速食，如義大利麵、三明治、漢堡、薯條、沙拉、披薩，《尋羊冒險記》首次提到日式便當，敍述者從札幌站上車，邊喝啤酒邊看書，並拿出鹽漬鮭魚子便當來吃。村上春樹大概弄錯了，其實日本的車站便當中，只有北海道線的南千歲站有賣鹽漬鮭魚子便當，札幌站買不到。

這提醒我們，改善臺灣的鐵路便當首先要加入地方特色，例如基隆站可以賣天婦羅啊；臺北站可賣紅燒牛肉乾拌麵，或加入阿婆鐵蛋；新竹站可以賣炒粉、貢丸飯，苗栗站不如賣一點艾草粿、炒粄條；臺中站可以附贈一塊太陽餅；彰化站的便當內容可以是肉圓；臺南站不如推出肉粽、碗粿；花蓮站的便當則附贈麻糬……我想像車到屏東可以吃到櫻花蝦炒飯、萬巒豬腳；高雄可以選擇金瓜炒米粉；臺南附贈一杯義豐冬瓜茶；桃園品嚐得到大溪豆乾；宜蘭的便當裡有粉肝，或鯊魚煙。那是多麼迷人的鐵路之旅。

巧思亦見諸便當盒的造型，如日本東北地區的「雪人便當」、廣島的「飯勺便當」、四國主要車站的「麵包超人便當」……都是我們可以學習的對象。

## 5.

我最常用雙層的不鏽鋼便當，這種便當菜、飯分開，容量又大，很適合我這種飯桶，優點是環保，缺點是不方便攜帶。木片或竹片便當盒的觸感佳，予人自然、質樸之美，又能吸收米飯多餘的濕氣，令飯粒更富嚼勁；不過也因而使飯粒容易沾黏在木片上，想吃乾淨需費力刮。這裡面有一種情趣，一種提醒，提醒我們珍惜食物、敬重天地。

我們果真只容得下方便、快速的事物？便當的形狀與材質可以非常多元，用保麗龍盒裝飯、塑膠提袋，只會消滅食欲。

幾年前，SARS蔓延時，喜來登飯店疑似有住房客人染煞，飯店淨空三天，重新開張的前三天，為了凝聚人氣，推出一百五十元的便當廉售一元，我在電視上看到大排長龍爭購的場面，有人竟排隊等候了六小時。為了買一個便當吃，排隊六小時，可謂天下奇觀。

經濟不景氣，有些五星級飯店竟在大門口擺攤賣便當，價格低廉，約介於七十元至一百五十元臺幣之間，明顯在跟小販、便利商店搶生意。觀光飯店熱賣便當，食材較新鮮，配菜也相對高明，口味輕易就超越了便利商店的產品，諸如老爺酒店的日式豬排便當、照燒雞飯，和粵式三寶飯；國賓飯店的粵式三寶飯；華國飯店的鹹魚雞粒炒飯；然則不免勝之不武，這樣的標準並非我們對觀光飯店的期待。

便當之美常表現在創意，不在珍饈美饌，動輒近千元的便當只能說是豪華。豪華跟美麗是不同的概念。

然則美味的便當何其難覓。我吃便利商店賣的便當，很遺憾，雖然品味標準降得很低，也只有「奮起湖鐵路便當」、「排骨菜飯」、「臺東池上飯包」、「煙燻蹄膀鮮飯盒」（肉臊顯得多餘）和「我們的雞腿便當」差堪入口。「奮起湖鐵路便當」雖則完全消失了我在阿里山鐵路上吃便當的滋味，卻能勉強解飢——薄薄的瘦肉片，雞腿、蛋、油豆腐僅是滷味，雖然談不上香，總算中規中矩，不會用駭人的怪甜、死鹹來凌虐食客的味蕾。

便當的菜色以滷味居多，乃是滷味較不會因加熱而變質，不像油炸物，置諸米飯上，再經蒸氣滲透，往往慘不忍睹。我固不贊成便當中出現炸物，如爆肉、炸蝦之屬。然則市面上好吃的滷味那麼多，這些便利商店奈何不察，隨便模仿一下，也能透露些許香味吧。

那些滷肉毫無彈性，彷彿只是泡過醬油。我懷疑這些便當裡的滷味曾經起碼的爆香程序，竟聞不到一絲絲薑、蔥、蒜或八角之味。

此外，我不明白為何便當裡總是放一片醃漬蘿蔔和一小沱紅色的醬素腸？夾起來丟棄時，白米飯上已染印著一片黃、紅色素，觸目驚心。這是令人厭惡的因襲和怠惰。第一家便當放雪菜、玉米粒、胡蘿蔔丁、花瓜、酸菜、醃漬蘿蔔，其他店家完全倣效，毫無想像力。便當可口，只是基本動作，是最起碼的商業道德。拜託，隨便轉一下腦筋也就改善了，難道色素蘿蔔不能換成嫩薑？那小沱醬素腸不能換成剝皮辣椒？

我曾經買了一個「我們的碳烤雞排」結果打開看，竟是一塊難以下嚥的炸豬排，品管竟草率至此。還有一種自詡叉燒風味的雞腿排，完全不染絲毫叉燒味，看一眼即知是泡過紅色素的雞屍。顧客是商家的主子，即使不是，彼此素無仇怨，奈何竟用這種手段對付掏錢買便當的人？又不是在毒老鼠，製作便當者何不自己倒一些色素拌飯吃吃看。

適合便當的菜很多，諸如雪裡紅、醃嫩薑、蔭瓜……便利商店的便當無法現作現賣，必須以想像力、開創力來彌補因量販而失鮮的窘境。例如有人會在滷汁中加進茶葉，不但吸收油膩，也圓融了醬油較為呆板的鹹味。

其實我吃便利商店的便當總是自暴自棄的心情，無奈中帶著墮落感。試想那便當並非即食便當，須經過烹煮、冷卻、包裝、冷藏、運送、上架，再微波後食用，防腐劑的含量令人不敢想像。

## 6.

優秀的便當予人驚喜。和即烹即食的料理不同，便當從製成到食用隔了一段時間，打開前一般還不知道它的內容，因此除了努力保持菜肴的風味，有心人還費盡巧思，令打開的瞬間產生愉悅。

便當具有母性的特質，我常聽聞人們說如何懷念「媽媽的味道」，天下最美味的便當，恐怕是家裡自製的，我們在求學時代率皆有帶便當、蒸便當、集體吃便當的經驗。

便當連接了太多人的感情和記憶，今村昌平《鰻魚》裡的鰻魚是一種隱喻，迴游、自由、孤獨的隱喻；是被背叛的丈夫傾訴的對象。真正的美食竟是一盒從未打開過的便當，片頭那紅杏出牆的妻子為丈夫所精心準備的便當，帶著歉疚的心情，那便當盒裡的內容必定十分可觀，可惜他妒意徒起，無心消受；殺妻、出獄後更三番兩次拒絕女友為他準備的便當。那便當，自然是人際溝通的指標，象徵了親愛、接納的程度。

我歡喜的便當生活，是一種陳舊美學，相關配備包括可重複使用的便當盒，筷子，布質提袋和包巾、繫帶；殘存在記憶角落的布包巾，攤開來還可以當桌墊。

便當帶著越界的性質，離開家庭餐桌，遠足到另一地點。

我常追憶華盛頓州行旅，在一座美麗的冰河湖邊下車，坐在枯木上呆呆長望藍寶石色澤的湖，河岸盛開的菊花，山上千年不融冰雪，針葉森林，藍得深邃的湖好像被什麼神秘的事物激盪起漣漪復歸於平靜，忽然覺得手中冰冷的三明治，飽含著不可思議的滋味。

——二〇〇九年

# 論螃蟹

# 1.

從前我不很明白，四季裡為何獨鍾秋天？難道我歡喜蕭瑟的氛圍？春天不更美麗嗎？原來是螃蟹。我愛螃蟹，每年「蟹秋」一結束，氣溫忽然陡降，天地同感寒冷，一切顯得灰濛濛的，了無生趣。

為了秋蟹，我在後院種植紫蘇，紫蘇繁衍頗速，逐漸侵佔玫瑰的地盤。玫瑰要長得好需重肥重藥，原來美麗的外表往往多了些虛矯和裝飾，不像這些紫蘇，自然而充滿野性之香。

在我們居住的球體上，跟我一樣鍾情於蟹的人不少，梅堯臣「年年收稻買江蟹」，義無反顧，是情感真摯應有的表露。

這種橫行介士，大約是甲殼類中最進化、最高等的種類。吃螃蟹不是為了營養，往往是風雅的事。《紅樓夢》的螃蟹宴緣於大觀園裡公子小姐們籌組詩社，「海棠社」初次活動就是吃蟹、作詩、賞花。這頓螃蟹宴擺在藕香榭，榭在池中，左右有曲廊相通，後面又有曲折的竹橋暗接，兩張竹案上各有丫頭們煽風爐煮茶、燙酒，吃的情境很是優雅。

古人品蟹，可能以李漁最高明；之所以高明，恐怕是用情太深。李漁一生愛吃蟹，每年在螃蟹產季之前，即開始存錢準備，家人笑他看待螃蟹簡直像生命一樣，乾脆自我解嘲稱這種錢為「買命錢」；他家有一個婢女善於治蟹，乃將她易名為「蟹奴」，其實真正的蟹奴應是笠翁自己。

我大概也是蟹奴，四十幾年來對葛洪筆下的「無腸公子」一往情深，恐怕已接近石爛海枯的堅決。有一天賴素鈴聽說我早晨醒來忽然想吃蟹，遂赴市場買回六隻螃蟹吃，消息見報，朋友們紛紛打電話來關心我中風了沒有？其實素鈴聽錯了，那天早餐我是吃了十一隻螃蟹，非僅六隻。我不敢聲張，實在是區區這數量何足表露對螃蟹的痴情。書法家李瑞徵一頓能吃一百隻螃蟹，故自號「李百蟹」。

不食無腸公子委實辜負了胃腸，值得吾人同情。螃蟹美麗，卻不見得人人欣賞，有些人對蟹過敏，敬而遠之；長年茹素的豐子愷坐火車時，意外獲贈兩隻肥蟹，竟放生在池塘裡。這只是不忍殺生，可以理解。匪夷所思的是世間竟有人厭惡螃蟹。

金山客運站有一張勸阻酒後駕車的海報，誇張放大的標題字：「酒後駕車是橫行霸道的螃蟹」，畫面上是一隻擎螯的紅蟳，和一個作嘔吐狀的男人。臺汽客運這張海報不知出自那個豬腦袋的構想？連起碼的邏輯和文字能力都缺乏，還無端侮辱螃蟹，令人厭惡。

螃蟹浪跡江湖，深居內陸者可能無福認識。沈括《夢溪筆談》敍述關中無螃蟹，「秦州人家收得一乾蟹，土人怖其形狀，以為怪物，每人家有病瘧者則借去挂門戶上，往往遂差。不但人不識，鬼亦不識也」，這自然是宋代土人少見多怪。魯迅也斷定初嚐螃蟹的古人是勇士，很可佩服。

說螃蟹外形奇陋者恐怕自己才是醜八怪，螃蟹迷人非僅滋味，還包括舉止的優雅，陸龜蒙詩：「骨清猶以含春露，沫白還疑帶海霜」，試問世上那種動物連口吐白沫時，也能吐得那麼俊俏、性感？

## 2.

「涎香小館」老闆朱家樂生前嘲笑我沒嚐過黃油蟹，屢次吹噓那蟹有多靚——全身溢滿黃油，隨便摘下一隻腳，都會滴出黃油，滋味之豐腴，遠非大閘蟹所能媲美。害我專程飛到香港吃。淑珍跟我暴食了兩餐，即頻頻追問：「你究竟什麼時候才回臺北？」

那天晚上，她勉強維持地主之誼，陪我去鯉魚門，見我吃完清蒸黃油蟹，繼續用滿手黃油剝食烤瀨尿蝦，一時片刻好像沒有停止的跡象，似乎再也忍不住了，藉口上洗手間，一通電話打到臺北給焦妻：「如果你不想太早守寡，最好管管他吃東西」。

黃油蟹以稀為貴，我經驗的滋味卻很一般。可能蒸的時間未拿捏準確，我猜想，那蟹蒸煮稍久，黃油當即硬化，香腴全失。其實黃油蟹是一種病蟹，炎夏時節，成熟的膏蟹棲於珠江三角洲的淺灘產卵；退潮時，酷日令氣溫陡升，膏蟹的卵細胞遭破壞，遂分解成紅、黃色油質滲透全身。黃油蟹的產期在陽曆七、八月，最佳賞味機會可能是八月下旬，時間相當短促。挑選黃油蟹可揭起肚臍觀察黃油是否飽滿；此外，要特別注意關節處，呈黃色的才靚。

元代名醫忽思慧在《飲膳正要》中說：「蟹八月上後可食，餘月勿食」，不知有何醫理？水產最要緊的是新鮮和時令，京津講究「七尖八團」，江南強調「九月尖臍十月團」，團臍指雌蟹，意謂蟹腹裝滿了一兜蟹黃；尖臍指雄蟹。雌蟹未排卵或產卵後，體內空虛，富於品蟹經驗者知道要改吃雄蟹。

我們輕易可以從外觀辨別雌雄，一般雄蟹的甲殼較鮮豔，螯也較巨大；最簡易的方法是看腹部，雌蟹的腹部呈圓弧形，雄蟹為狹長形。但也不一定，和尚蟹的腹部外觀看起來都像母的，得掀開來觀察其附屬肢。

螃蟹之美在於性激素，秋風吹起了螃蟹的交配期，不論尖臍的蟹膏或團臍的蟹黃都很飽滿、濃郁。所以吃蟹不必猴急，開始發情了自然很美。

愛蟹者大抵不會錯過每年的大閘蟹產季，前年網路上流傳大閘蟹施打大量禁用的抗生素和生長激素，令人沮喪，每天都覺得人生乏味，後來我乾脆拒絕接收這類消息，日子才恢復正常。

陽澄湖的清水大閘蟹太出名了，冒牌者眾，商家為了標誌自己的貨源來自陽澄湖，去年在殼上鐳射，我在「新東南」吃完，侍者竟建議我將殼帶回家收藏。然則鐳射顯然無法防偽。上周末，我訂的大閘蟹宅配抵達，正好蒸了五隻當我的早餐。商家信誓旦旦在每一隻的右螯戴上塑膠戒指，戒面印有商標，外圍還刻著十八位的防偽碼和直撥經銷商的查詢電話。我沒去過陽澄湖，但為大閘蟹故，我想像那湖可能是天下最美的湖泊。

有人吃大閘蟹非產自陽澄湖不取，可謂吃蟹的基本教義派，以僵化的意識形態指揮味覺，比上述防偽動作還要蠢。不僅江蘇，如今世界上有許多地方養殖大閘蟹，我在巴黎就曾經嚐過好幾隻荷蘭養殖的大閘蟹，風味毫不遜色。一般選購大閘蟹多觀察外型特徵：青背、白肚、金爪、黃毛，體態須肥健，顏色正確而有光澤，嘴巴還能連續吐沫。此外還須觀察其活動力，動作活躍敏捷才是健康的好蟹；其次才是抓起來掂重量，並挑選肚臍飽滿凸出、腳毛叢生者。

然則外型碩大的螃蟹未必肉質飽滿，因為螃蟹是間歇性成長，蛻殼後，體型暫時不變，但殼內的肌肉還得繼續成長一段時間才會結實；此外，抱卵或生病的螃蟹，即使肌肉已萎縮，外表也看不出來。須以手指壓按胸甲檢驗，越堅硬表示肉質越飽滿。

## 3.

曉風同情我嗜蟹如情痴，不曉得從什麼地方影印一則「橙蟹」作法寄我，「以蟹膏入大橙蒸之，加苦酒與鹽即得」，她在這張影印紙上眉批：「看來很不錯喔！」

蟹與橙產季相當，自古即是絕配。林洪《山家清供》對於「蟹釀橙」作法有較詳細的記載：「橙用黃熟大者截頂，剜去穰，留少液，以蟹膏肉實其內，仍以帶枝頂覆之，入小甑，用酒醋水蒸熟，用醋鹽供食，香而鮮，使人有新酒、菊花、香橙、螃蟹之興」。這道宋代名菜很有意思，還上過御筵，張俊進獻給高宗御筵的「螃蟹釀棖」，那「棖」就是橙。開發這道菜的人深具創作的想像力和結構力，蟹的膏肉遇到橙汁乃彰顯異香，充滿驚喜。

中國是吃蟹的先進國家，自古即善於烹蟹品蟹；不像蠻夷之邦，眼睛只看得見巨螯。

倪瓚《雲林堂飲食制度集》記載兩道製蟹法：蜜釀蝤蛑、蟹鱉。我雖不曾如法泡製，可讀了那略顯繁瑣的作法，不禁贊歎構思奇妙。制度集收錄的菜肴不夥，製作卻相當精緻，影響深遠，今天的蘇州名菜「芙蓉蟹斗」即是從蜜釀蝤蛑發展而來的。

漢人食蟹甚早，鄭注《周禮．天官．庖人》中有「蟹胥」菜名，蟹胥就是蟹醬，這種作法跟一般的醢相似，想像中應該頗有滋味，至少遠勝於螃蟹罐頭。缺蟹的季節，我每每選購各種螃蟹罐頭，遺憾不曾吃過像樣的，衷心期待罐頭製造業有點出息。

一般料理螃蟹多以煮、蒸為主，別看大閘蟹的膏、黃總是呈流質狀，就以為它耐久煮，動不動就煮半小時以上。朱彝尊《食憲鴻秘》載的煮蟹法即源於倪瓚的書，甚合我意：「用薑、紫蘇、橘皮、鹽同煮，纔大沸，便翻；再一大沸，便啖」。這段話唯一的問題是「翻」，其實讓它平靜地仰躺著甚好，萬勿打攪。

我製作螃蟹只有一種辦法：清蒸。從前，我尤其不能忍受新鮮的螃蟹被醬爆、炒、焗、炸，這是很保守的偏執。然則螃蟹之可貴，在於新鮮，若需要各種沉重的調味料或奶油來欺壓原味，為何還吃它？李漁斷言，「蟹之為物至美，而其味壞於食之之人。以之為羹者，鮮則鮮矣，而蟹之美質何在？以之為膾者，膩則膩矣，而蟹之真味不存。更可厭者，斷為兩截，和以油鹽豆粉而煎之，使蟹之色、蟹之香，與蟹之真味全失」，清蒸最能保持螃蟹的鮮美，自古皆然。

常見的各式炒蟹或咖哩蟹，多用冷凍蟹。死蟹不吃為妙。據說螃蟹垂死，體內的組氨酸會分解出有毒的組胺，死得越久越毒。

螃蟹臨死前會自卸其爪，蒸熟後難免十肢殘障，蟹黃、蟹膏也在蒸煮過程中流失，因此有些劣廚在螃蟹進蒸籠前，先以刀背敲碎其甲殼，或用筷子自口器插入、戳死，兩種辦法都十分粗魯殘暴，烹製出來的蟹肉大概僅能憑弔。螃蟹是那麼美麗端莊，面對它豈可缺少真摯的禮讚和尊敬，更不能缺乏想像力。我思考良久，不知如何對待，才對得起螃蟹的身分和地位。大妹提醒我，「讓它喝醉。」不是將生螃蟹切片，泡在酒裡。「搶蟹」除了酒味，我始終沒嚐到蟹味。

螃蟹雖美，卻常生活在污泥中，甲殼的縫隙、雙螯的絨毛不免骯髒，我們以救風塵的心情買回家。烹製前，我習於用牙刷溫柔為這尤物洗澡。再將白葡萄酒灌進注射筒，微量餵入口器，含笑看它醉眼迷濛。若蟹身綑有繩索，立即剪開，並放進冰箱，以降低其酒醉後的失態。待蒸鍋內的水煮沸，將螃蟹腹部朝上在鍋內躺下來，用大火蒸熟。

張岱為了吃蟹，跟朋友組成「蟹會」，他說掀開蟹殼，「膏膩堆積，如玉脂珀屑，團結不散」，並斷定其甘腴「雖八珍不及」。形容膏、黃堪稱得體；不過這夥人的吃蟹方式失之粗魯，他們竟「以肥臘鴨、牛乳酪」搭配，恐有欺侮螃蟹之嫌。我讀他這篇文章，第一句就説螃蟹乃食品中「不加鹽醋而五味全者」，歡喜他見解正確，正充滿期待，不料他竟用一堆亂七八糟的東西配螃蟹，暴殄天物還沾沾自喜。

螃蟹太美，美得必須仔細感受，不好讓其它氣味干擾。我自己在家吃蟹，從來不允許餐桌上出現第二種菜肴，只有米飯，孤星伴月般，專情地襯托螃蟹之味；最多喝點小酒，也不宜多。李漁説，「世間好物，利在孤行。蟹之鮮而肥，甘而膩，白似玉而黃似金，已造色香味三者之至極，更無一物可以上之」。袁枚在《隨園食單》也持相同意見：「蟹宜獨食，不宜搭配他物。最好以淡鹽湯煮熟，自剝自食為妙。蒸者味雖全，而失之太淡」。此言稍差。我認為蒸勝於煮，以煮取代蒸，用意在於殺菌，尤其是螯帶毛者，最易藏污納垢。所幸大閘蟹的膏黃較耐水煮，一般螃蟹如紅蟳稍微煮久了，蟹黃不免變硬變澀，缺乏軟腴之美。其實用薄鹽煮過就不會太淡，果然嫌淡，不妨試試我開發的蘸醬。

一般飯店多以薑汁、醋、砂糖，甚至辣椒末調製蘸醬，這種蘸醬搭配鹹豬肉勉強可以成立；若用來對待鮮美的螃蟹則未免是一種侮辱，欺蟹太甚，也輕視了食用者的知覺和自尊。我也不苟同傳統的吃蟹蘸醋法，例如鎮江醋，很多人以為非此醋不夠正宗，甚至面對一碗華麗的排翅，還未嚐一匙就先淋上鎮江醋。鎮江醋的個性太衝，蘸清炒蝦仁猶可理解，實不適配鮮美的蟹。

我獨創的蘸醬首先要取消辣椒，保留嫩薑磨汁，相異的是用檸檬和四季桔榨汁，以果酸來取代醋，藉果香誘引蟹肉和蟹黃的鮮美，再以些微的蜂蜜取代砂糖，提醒食用者的味蕾。永福樓的任意誠先生認同我的烹蟹、調醬法，指示旗下廚師倣效。

## 4.

品蟹節奏是緩慢的，表現為一種悠閒之美。吃蟹須得慢條斯理，不能心粗氣躁；不懂得珍惜蟹，是缺乏品味的表現，梁實秋吃蟹，「小腿部分總是棄而不食，肚子部分囫圇略咬而已」，辜負螃蟹至此，實在不必再和螃蟹見面，嘴饞的話，隨便弄點蛋糊炒一炒或抓幾隻雞腳咬一咬足矣。

螃蟹其實不忌生冷，王熙鳳在藕香榭那場蟹宴吩咐侍候的丫頭：「螃蟹不可多拿來，仍舊放在蒸籠裡，拿十個來，吃了再拿」。他們用菊花葉、桂花蕊薰的綠豆粉洗手，是很有意思的滌腥法，不過堅持要吃熱蟹，顯然沒有掌握到重點。

他們邊吃蟹邊燙「合歡花浸的」燒酒喝，並非愛酒，乃是相信螃蟹「性寒」，中醫說蟹吃多了會積於腹內，所以用薑來解，賈母淺嚐之後就囑咐他們別多吃了，「那東西雖好吃，不是什麼好的，吃多了肚子疼」。薛寶釵吃蟹也吟：「酒未敵腥還用菊，性防積於定須薑」。吃蟹佐以薑醋大抵是合理的，可平兒剔來一殼子蟹黃，鳳姐未嚐就說：「多倒些薑醋」，寶玉吃蟹時也作詩：「潑醋擂薑興欲狂」，殊不知醋用多了，會侵略蟹味。這只是不識蟹味，令人髮指的是丫頭們拿著滿黃的螃蟹戲耍，以蟹黃抹臉玩樂，無異拿頂級紅酒潑灑，天物暴殄至此，我讀了心疼不已。

曹雪芹吃蟹未免外行，才會讓大觀園的公子小姐吃別人剝剔的蟹。其實清王府內沿襲明代宮廷，食蟹之方也是整蒸剝食，全不假手僕人。這一點無關懶惰，乃「氣與味纖毫不漏」之道。李漁顯然內行多了，他深諳品蟹三昧，「凡治他具，皆可人任其勞，我享其逸。獨蟹與瓜子、菱角三種，必須自任其勞，旋剝旋食則有味；人剝而我食之，不特味同嚼蠟」。味鮮常不免事繁，剝蟹食蟹乃美好的生活風格。

有人吃完螃蟹要一杯老薑熬煮的紅茶，說是完美的句點。這是誤會。螃蟹不可與紅柿、茶同食，古有明訓；李時珍在《本草綱目》雖然說此物「有小毒」，「不可同柿及荊芥食」……「諸蟹性皆冷，亦無甚毒，為蝑最良。鮮蟹和以薑、醋、侑以醇酒，咀黃持螯，略賞風味，何毒之有？饕嗜者乃頓食十許枚，兼以葷羶雜進，飲食自倍，腸胃乃傷」，足見吃蟹腹痛通常是自作虐，螃蟹是無辜的。

一般餐廳裡上桌的清蒸螃蟹總是剁塊切好的，我對這種吃法期期以為不可。一雙料理螃蟹的巧手，不會蠢到先將蟹剁塊後再入蒸籠；凡智商超過六十的人，也不會切片後再上桌。

螃蟹上桌時外形須完整，這不僅關乎觀瞻，也顯示廚師的手段——眼前這螃蟹是否十肢健全？若已經殘障，肯定遭劣廚毒手，不然就是鮮度不足。其次，對食客來講，吃蟹不勞別人動手，需整隻剝食才高尚。除非殼厚如石蟳、斯里蘭卡蟹、帝王蟹之屬，我的吃法完全不必動用到剪、鉗、挑棒等工具，太多工具顯得像外科手術，何況蟹足本身即是很好的挑剔工具；空蟹殼更是好容器，放置殘渣。有些比較講究吃相的朋友，吃完整隻蟹會故意將空蟹拼回原狀，乍看彷彿是完整的一隻；我不在乎吃相，從不如此表演，吃得爽才要緊。

蟹膏、蟹黃之美在於腥香，品蟹以此作為起點——先取下兩螯，暫時擱置一旁，最後才吃。這時候需從容鎮定，溫柔讓蟹仰臥，摘下蟹臍，掀起腹部，掰開甲殼，挖棄殼內的胃、腸後，掌握溫度大口吸吮膏黃，閉目凝神，仔細體會那輝煌的紅脂，那銷魂的滋味，令胸中升起一股對大自然的感恩之情。

該飲酒了，酒有助情作用，吃蟹無酒難免寂寞，王叔承詩：「長對杜康呼郭索」，不論黃酒、白酒，口腔間存留的腥香隨酒味蕩氣迴腸。喝什麼酒則不必太執著，有人堅持飲花雕、陳紹才對味；這只是傳統文學遺留成俗的習慣吧，他們應該試試白葡萄酒或白乾，都強過黃酒。唐魯孫認為吃大閘蟹最好是喝雙溝泡子酒、錦竹大麴或貴州茅臺。

我在金門服兵役時喜遇同窗好友蔡明輝、鍾錚榮，乃相約在山外的「山東酒樓」吃螃蟹、飲高粱，豪邁痛快之情歷三十幾年猶十分清楚，顯見烈酒也能跟螃蟹快樂地結合。

待那激動之情漸平，我通常會吃一口白米飯，再繼續享用。

別低估這一口白米飯，它扮演了調整節奏的角色，讓我們的味覺歸零，故意先鬆弛已然緊張的知感神經，重新回到審美的起點，為下一口膏、黃作準備；這口飯，像純白的背景，襯托飽滿、繁複的腥香，有效延長美的享受，並布置了起伏迴旋的和諧感。

吃罷殼內的膏黃，接下來，除淨蟹身兩側的鰓，和心域、胃域的塊狀物及薄膜，順勢將蟹分成兩半，將半隻蟹放進嘴裡吸吮其膏黃，再吸吮另一半，飲酒，凝神迎接香味洶湧的高潮。又吃口飯，緩慢而自然地，讓所有的驚訝與滿足冷靜下來。當情緒不那麼激動，即可開始品賞蟹肉。

每半隻蟹各帶著四足，為了避免梁實秋式的囫圇亂咬，應令每隻腳都帶著一塊蟹肉，此時肉裡的薄骨分明，容易去除。流暢的吃法是以腳為單位一隻一隻吃，吃完蟹身吃蟹腳。蟹腳吃得漂亮的關鍵在於關節，將關節兩端咬掉，即輕易可吸入那截管肉。

蟹肉有多美？古人吃蟹往往說「持螯」，在他們的心目中螃蟹最雋腴之處就是螯肉。張九成〈子集弟寄江蟹〉：「薦酒欻空尊，侑飯饞如虎」；張憲「紅膏溢齒嫩乳滑」；李漁在〈蟹〉一文說自己頗能描述食物之美，唯獨蟹螯，雖然愛吃，也能領略其美感，甚至終身難忘，卻美得令他不能形容。蟹肉中最美的自然是連李笠翁都無言以對的螯。林黛玉沒有口福，才吃一點點螃蟹，便覺得心口疼，即使淺嚐，她還是忍不住賦詩詠嘆那肉是封鎖在螯內的「嫩玉」。

持螯時最好有一杯白葡萄酒在手。我最美的持螯經驗是初嘗邉磯尼斯蟹（Dungeness crab），那是西雅圖旅次，我逛黃昏的派克市場時，忍不住買了一隻肥碩的邉磯尼斯蟹帶回酒店，並開了一瓶在銀湖酒莊（Silver Lake Winery）買的Chardonnay白葡萄酒。那腴滑飽滿的蟹膏，和結實鮮美的蟹肉，使酒店房間鼓盪著海洋的氣息，連帶也使那瓶酒的口感無懈可擊。我吃蟹飲酒，呆呆看著窗外的艾略特灣，彷佛躺在上帝的懷抱裡。

好懷念銀湖酒莊的夜晚，在山中小徑散步，夜已經深了，天色似乎猶未全黑，月亮才從東方的地平線升上來，美得很不真實，彷佛畫在天邊的大圓圈。我還有幸回到那裡俯瞰河谷嗎？希望時間暫停地，靜觀廣袤的葡萄園。

我在吉隆坡吃到的辣椒蟹，改變了我對螃蟹只能清蒸的偏見。這道炒泥蟹的作法是將鮮蟹切長片、剁除尖爪，翻炒紅蔥頭、薑、蒜、辣椒，再傾入預先調妥的醬料，加進螃蟹，不蓋鍋蓋以小火煮十分鐘，最後加入玉米粉、雞湯、蛋續煮十分鐘。此蟹上桌時，先以美豔的色彩吸引了目光，面對它只覺得心跳加速，神思馳盪，每一口都像忘情的熱吻，難以停止。

除了清蒸，肯定頗有些別的手段善待螃蟹，吳自牧《夢粱錄》敍述南宋酒店賣的螃蟹種類和作法，包括赤蟹、白蟹、蝤蛑簽、蝤蛑辣羹、溪蟹、奈香盒蟹、辣羹蟹、簽糊虀蟹、棖醋洗手蟹、棖釀蟹、五味酒醬蟹、酒潑蟹、糟蟹……古人吃蟹已變化無窮，遑論今天。

肯定有許多好館子料理美蟹，吉隆坡「新寶島餐廳」的老闆娘是臺灣女子，她的焗蟹令我感覺身為臺灣人的榮耀。臺北「香港品源美食」的避風塘炒蟹接近油炸，沒想到炒酥的蟹肉，還能夠鮮甜多汁。還有一些我嚮往已久的，如北京正陽樓，泰縣近郊德馨莊用泡子酒製作的醉蟹，琉球的炸蝤蛑……可見凡事不能太基本教義，清蒸固然味美，卻不好全盤否定各種可能，正如不能以膚色、種族論美人。

記得第一次去新加坡，即連續兩晚去紐頓圓環（Newton Circus）夜市吃斯里蘭卡蟹，這種大螃蟹的螯相當可觀，用黑胡椒以大火爆炒，黑美人般美得令人眼睛發亮。我永遠記得大啖斯里蘭卡蟹後，散步回酒店，胸臆間鼓盪著熱帶風情，不知走了多久，竟希望一直走下去，那樣幸福的夜晚，那樣美麗。

河蟹固美，海蟹也不賴，若烹製得法，將表現一種海洋之美。臺灣位處亞熱帶，黑潮又流經東西兩岸，螃蟹的種類達五百多種，佔世界十分之一以上，可謂螃蟹寶島；加上養殖業又很發達，真的是口福無窮。我曾經在南澳南溪下游見識過青毛蟹，大軍般順流而下，展開每年一度赴海繁殖之旅，令人忽然洶湧著對這塊土地的依戀。三年前我擔任慈濟大學顧問，幫忙籌備東方語文學系，如今已不復記憶當時在花蓮忙些什麼？或規畫了那些課程？卻清楚記得在「澤鄉園」吃毛蟹的各種細節，和滋味。

從前表弟傳福有一艘漁船，我老想隨他出海，我想像，在船上捕蟹、蒸蟹，不僅可免除一切蘸醬，其鮮美之味必定十分遼闊，當勝過陸地上任何餐館。遺憾傳福已不再繼續捕魚，轉而從事別的行業。螃蟹令我領悟美好的事物應立即追求，切莫蹉跎。

——二〇〇四年

# 論火鍋

火鍋是一種深鍋文化，很能代表中華料理的精神內涵。中華料理追求調和、圓融、團聚，從象徵大團圓的圓桌，到火鍋類的炊具和煮食法，均屬這種調和文化。

鍋的發明，使各種食材能有效融合在一起，激盪出美味。

剛開始，火鍋可能是懸掛在吊鉤上的鐵鍋，底下升火烹煮各種食材。這是一種野炊涮食法，不難想像原始人將採集、捕獵到的東西一起投入鍋內煮沸，邊煮邊添加食材，什味雜陳。

## 1.

小時候吃火鍋帶著團聚的意思，可能有點昂貴，接近貴族享受。現在的火鍋湯底，種類日益多樣，諸如大腸臭臭鍋、奶茶鍋、擂茶鍋、酸奶鍋、豆漿鍋……有的頗富創意，有的不三不四。

因為是大家圍爐而坐，火鍋又帶著慶典性格，吃的環境和心情多是鬧熱滾滾，求學時最歡喜邀三五同窗，在宿舍裡煮食火鍋，喝點小酒，汗珠涔涔自髮根滴下，頭頂似煙囪冒著熱氣，和樂融融。大學時代，常會選擇在火鍋店聚餐，曩昔許多事許多人早已遺忘，「韓香村」和西門町「曾德自助火鍋城」卻挽留了我大學時期的某些回憶，某些臉孔，某些情感。

我對沙茶醬的體驗主要來自沙茶火鍋，如今臺式沙茶火鍋已式微。偶爾我去「元香沙茶火鍋店」，帶著懷舊的意思，恐怕是為了他們的沙茶醬；店家強調採用本地黃牛肉，牛五花確是頗有滋味。不過這是一家昂貴的店，店家的自我感覺良好。其實只要其他條件好，貴即有貴的道理，可惜服務員顯然缺乏訓練，有一次我點的魚丸送來後，服務員未詢問顧客，直接就傾入鍋中，可能是動作過大，其中一顆掉在地上，那服務員竟撿起來離去，沒有道歉，也沒有補料。

韓式石頭火鍋中我較愛中山北路「漢城餐廳」，愛這家四十年老店炒肉的動作確實而完整；由於石頭鍋的工序需先炒再煮，較費人力成本，也較油膩，乃漸趨式微。南京西路「天喜」是少數留存的石頭迷你火鍋，石頭鍋揉合了涮涮鍋的概念，是一種韓、日、臺混血的火鍋，孤獨時也能享受。

壽喜燒（すきやき）作法接近石頭火鍋。火鍋約於十四世紀四十年代傳入日本，壽喜

燒則源自東瀛，起初又叫「唐鋤」或「鋤燒」。江戶時代的《料理談合集》記載「在唐鋤上抹上豆油，烤野鴨、羚羊肉吃」，日語中的「鋤」即「鍬」，農夫耕作時，為填飽肚子將鋤頭的金屬部份拔下來，把它當作鐵板來烤肉，因此稱之為「鋤(すき)燒(やき)」。江戶時代日本禁止肉食，老百姓光明正大地吃牛肉是明治維新之後的事。

我在東京吃過難忘的壽喜燒，其作法是先燒熱平底鐵鍋，抹上奶油，再放進洋蔥、肉片、豆腐、雞蛋、蘑菇，淋上醬油、糖。關西風的壽喜燒則簡單得多：只用醬油、砂糖調味。羅蘭．巴特旅行日本時驚豔壽喜燒，認為這種鍋燒結合了製作、食用，可以沒完沒了地作，又可以沒完沒了地吃，產生自我重述（to repeat itself）。起初，葉菜、洋蔥、豆腐、蔥段、生蛋黃、紅肉、白糖、粉絲……這些生料端出來，像一幅荷蘭畫，帶著鮮麗的質感。當食材逐一下鍋，原來的顏色、形狀忽焉都變成紅棕色，變得柔軟，還沒開始吃，眼睛就先經歷了一場菜肴之旅。

對這位符號學大師來講，壽喜燒委實充滿了符號指涉。首先，壽喜燒沒有一個中心，亦無主次之別，每一種食物都是對另一種食物的裝飾。以西方人的飲食習慣，根本分不清那種菜要先吃，那種菜後吃，就像一篇連綿不斷的文本。我讀巴特的書，興味盎然，卻不免懷疑，他那裡是在吃壽喜燒，他在吃符號罷。

我素喜日式火鍋所表現的極簡美學，尤其是豆腐鍋，鍋底鋪一層海帶，上面再整齊擱幾塊豆腐，外觀如蒙德里安（Piet Mondrian, 1872-1944）後期所擅長的各種方形結構，正統風格派的畫作。那些排列美麗的豆腐上都滴了純醬油，意在引出豆腐本身的微甜。純粹的豆腐，不加其它蔬菜和肉品。這種美是味覺的，更是視覺的，當你從蒙德里安畫境般的湯裡撈起一塊顫巍巍的豆腐，送到嘴前猶輕晃著，彷彿呼應著心底一陣美的悸動。

## 2.

涮涮鍋（しゃぶしゃぶ）的問世則是比較晚近的事，通常以海鮮、什錦為主角。涮涮鍋是了不起的發明：個人化的設計，方便，衛生又體貼，毋需遷就他人的口味或禁忌，也不必湊足開鍋人數，想吃時隨時隨興走進去。

地緣關係，從前我常吃的日式涮涮鍋是「湯大師」，其海鮮湯底、蕃茄湯底堪稱中上水平，餐後甜點也算講究。後來不知是否遭受經濟不景氣衝擊？一段時日沒來，客人稀少了，價格悄悄便宜了，食材會因而降低鮮度嗎？我猶豫點了「海陸大餐」鍋，蓋海鮮最能檢驗食材。果真變得不新鮮了。一陣悵惘湧上心頭……

「可利亞」剛轉型為檸檬香茅鍋時我也常吃，後來可能生意漸差，乃努力以廉價促銷；可惜服務、食材都跟著變遜了，店家自豪的手打魚漿竟予人墮落之感。不能完全怪經濟不景氣，經營管理也很要緊。在景氣低迷的年代，廉價恐非唯一的行銷策略，只要夠精緻，多用心計較品質，定位準確，即可能成功。

多年前結識雕刻家朱雋，他請我到臨沂街「鍋膳」吃霜降牛肉鍋，確實清嫩可口，日式蘸醬也甜鹹適度，允為涮涮鍋上選。最近再去吃，沒有了霜降牛肉，卻出現貴得離奇的各式肉品。其實若能提高用餐情境，貴一點又何妨？壞就壞在丫鬟扮小姐，我們才剛吃飽，侍者就立刻請我們離去，服務水平真匪夷所思。天下的路邊攤，生意再怎麼興隆也不可能催趕客人離去，何況是一間昂貴的店面。我自然不可能再去此店吃火鍋了。然則我懷念那曾經有過的滋味，它連接著我們和朱雋、林珊旭的家庭友誼。

這幾年的火鍋店也頗流行「吃到飽」——按人數計費，食物任意取用。這種吃到飽的餐飲通常非常粗糙，店家以薄利多銷策略，計較成本，難免採用便宜甚至不新鮮的食材。忠孝東路四段巷子裡的「海の緣」是極少數的例外，我初次慕名前往，客滿。每一桌擺滿了新鮮的帝王蟹和梭子蟹腳、干貝、生蠔、蚵仔、沙蝦、魚……每一鍋都熱烈滾沸著，氣味饞人。老闆娘好像沒空理會未訂位者，一直作勢要趕我出去。

「我站在這裡等，等有人吃飽離去……」我還未完全表達立正等待的誠意，她就不耐煩地揮揮手趕我走。

「那我先訂明後天的位子。」專程跑來，豈可白忙一場。

「三個月之內的位子全滿了，走吧走吧，以後有機會再來。」她再三趕我離去的手勢很絕情。

「我留行動電話號碼給你，只要有人臨時取消訂位，請通知一聲，我立刻爬過來吃……」忍無可忍，我露出和小狗一樣懇切、哀求的眼神，差點跪下來望老闆娘成全，終於還是被趕了出去。

廖炳惠真是貴人，他的《吃的後現代》甫獲年度十大好書獎，我恰好訂到位子，遂在「海の緣」為他慶祝。坐享美食看著等在門外的人，忽然升起一種優越感，一種皇天不負苦心人的領悟。

然則飲食畢竟像愛情般無常，日前我打電話去「海の緣」預約，才得知這家店已歇業，我掛斷電話久久不能言語，忽然憶起一句詩：「夜鶯離去的花園雜草叢生」。

近年臺北崛起的「橘色涮涮屋」，是一家頂級的涮涮鍋店，用餐空間雅緻，食材也高檔，無論蔬菜、海產、肉類都很贊。手打鮮蝦漿和花枝漿也相當可口，市面上那些庸俗的這個丸子那個丸子完全沒資格相提並論。

我通常點食「青蟳套餐」或「小牛排套餐」，那蟹、蛤蜊十分新鮮，小牛排的油脂分布如霜花，非常美麗，滋味自然鮮嫩至極，力追日本的神戶牛。一種套餐吃了一半，快樂指數忽然上升。

吃煮的過程，服務員常過來撈棄鍋上浮沫，令火鍋湯維持清澈。也因為那鍋雞湯底頗為精緻，加上海產、肉烹煮過，吃完了鍋中物猶存在著值得珍惜的「剩餘價值」——加白飯進去熬，即成鮮美的水蟹雞粥；加芝麻醬、烏龍麵進去煮，則是日式烏龍麵。

我比較推薦的日式涮涮鍋不能漏掉欣葉的「呷哺呷哺」。此店創立於一九八一年，可謂臺灣市場的先驅，雖是涮涮鍋老前輩，卻能與時俱進，不斷追求卓越。前述附加價值的優點，「呷哺呷哺」也有，像我這種愛米食的飯桶，輒將飯入湯鍋以吸收取湯汁的精華，灑上蔥花熬成熱粥；愛吃麵的，不妨點食店家的私房「黃金玉麵」。

自製的「雞肉玉丸」，和蝦丸、花枝丸都圓潤滑嫩，彈牙又爽口。特別是蝦丸，新鮮明蝦買回來之後，剝殼，反覆捶打而成，這種丸子叫我們的味覺清醒過來，重新定義丸子。

最近「呷哺呷哺」推出戰車龍蝦海鮮鍋，十分豐盛，包含了海陸精品：活蹦亂動的戰車龍蝦，鮮嫩至極的生干貝、大文蛤，甜美的藍斑、肥蚵……我先涮牛肉，再煮海鮮，最後煮蔬菜，都吃完了就請店員用湯底熬一鍋粥；像一闕華麗的交響樂，不斷取悅我們的感官，天使看了恐怕也會嫉妒。

一般涮涮鍋多頗為粗俗，湯頭太依賴調味料，不然就是沒濾乾淨，「呷哺呷哺」的口味相對較輕淡，每一口又能深入心坎。它的選料嚴謹，細緻的服務，體貼的客製化（customization）設計，針對顧客需求，彈性調整菜色。我看店員井然將白菜、洋蔥、紅白蘿蔔絲、南瓜、蕃茄、魚丸、魚板、豆腐、香菇、金針菇、杏鮑菇一一夾入銅鍋內，熬煮後湯頭仍顯清澈。雖然我獨自用餐，青菜盤、肉盤仍各有一雙夾筷，予人精緻、乾淨之感。

此店體貼客人，碗盤之外另附湯杯，杯底擱著有蔥末、紫菜，提供喝湯的便利。餐後供應欣葉的招牌甜點「杏仁豆腐湯」，堪稱完美的句點，一入嘴，天空忽然亮了起來。

## 3.

口味比較重的人歡喜咖哩鍋和麻辣鍋，臺北的咖哩鍋以「天下第一鍋」為尊，這間店最大的招牌是行政主廚何京寶，圈內人暱稱的阿寶師傅造型十分講究：山羊鬍，光頭，前額上留一小撮染紅的頭髮，總是帶著漂亮的耳環。

阿寶是香港人，來臺之初先在「品味坊」；後來在「鍋比盆大」待了四年，研製咖哩鍋成功，難怪味道那麼像我在「鍋比盆大」所嚐。不過阿寶並不同意，他強調我當年愛上的咖哩鍋是第一代，如今已是第六代了，湯底除了咖哩、椰奶，另有大小茴香、八角、香茅、洋蔥、蒜頭、乾蔥、薑黃……二十六種香料。

阿寶的確富於想像力和創發力，除了咖哩鍋，還開發魚湯鍋、花雕雞鍋、香辣蟹鍋等等，湯頭都很濃郁。無論第一代或第六代，阿寶風格還表現自製的手工魚丸、蝦丸、花枝丸、韭菜餃、鮮筍餃，用料講究。他調的蘸醬也有意思：花生醬、XO醬、豆瓣醬、腐乳、蒜泥、蔥花、香菜，乍看顯得乾燥平凡，食用前加湯進去，魔術般變成可口的蘸醬。

麻辣鍋乃四川人發明，前身為毛肚火鍋，可見內臟是基本內涵，不可或缺的是鴨血、豆腐、毛肚、牛雜等，花椒、辣椒俱是香料，因此麻辣鍋的精神不在於表現辣，而是香。

吃毛肚火鍋最厲害的當屬重慶人，重慶人雖訂十月十六日為火鍋節，卻四季盛食毛肚火鍋。冬日食火鍋似乎理所當然；炎炎伏天，一手執筷涮煮，一手搖扇驅熱，頗有火上澆油的況味。據說這是以熱攻熱，所謂「揮汗吃毛肚，汗出當風涼」。毛肚就是羊肚，翻開看毛茸茸的，狀似蜂巢。涮毛肚要有點技巧，涮久了會太老，涮得輕又不熟。

在臺北，我較常吃的麻辣鍋有「鼎旺」、「太和殿」、「亨記」和「馬辣」，「鼎旺」的選料優，黃牛肉切得較厚，比一般薄如紙張的肉片有厚實的口感；此外毛肚、蹄筋、脆管、鴨血、豆腐都不錯；火鍋之外，鳳爪、乾拌麵允為上品，麵條是老闆請朋友手工製的雞蛋拉麵，配上鮮甜的茼蒿，和一點自製的辣豆瓣，風味甚佳；那鳳爪乃挑選肥碩的烏骨雞，辣椒和八角等香料下得極準確，火候恰到好處，外形完整而軟腴，奇怪入口竟化。「太和殿」的蒜花切得很細，細而新鮮，視覺上已先予人快感，火鍋料中的酥炸丸子、牛柏葉、大腸頭、雪花豬、半筋半肉都很好吃。

然則在臺灣吃麻辣鍋仍不免有些物產上的侷限，由於缺乏川菜中必要的香料，總是又辣又鹹，殊乏麻香味。

麻辣鍋性格強烈，很多人吃了腸胃不適，甚至腹瀉，店家乃推出「鴛鴦鍋」促銷。所謂鴛鴦鍋是鍋裡分欄，一半辣湯，一半清湯，顏色分明，井河不犯，各取所需。可見一個夠成熟的環境不會在乎顏色，只需建立能互相尊重的機制。

從前辦公室附近有一家吃到飽的火鍋店「小肥牛」，廉價卻認真，我每次去吃都不免擔憂，問老闆娘這樣經營符合成本嗎?果然不久就歇業了。跟「小肥牛」比起來，「寧記」貴多了——相似的東西，三倍的價錢。一樣賣麻辣鍋，前者支持不到一年，後者屹立三十年不墜。臺北人口福不深，竟不知道曾經有如此價廉的好鍋。

# 4.

舊京人家過了蟹秋，就開始涮羊肉，涮羊肉即「羊肉火鍋」，源自滿蒙，相傳和忽必烈行軍作戰有關，足見天生帶著豪邁粗獷的痛快感。各種涮肉火鍋盛於清初，康熙、乾隆二帝所辦的「千叟宴」菜式中就有羊肉火鍋。這跟臺灣的「羊肉爐」不同，臺灣的羊肉爐不能算火鍋，而是將羊肉塊在鍋裡煮熟，並無生肉涮熟的內涵。

徐珂《清稗類鈔》載：「京師冬日，酒家沽飲，案輒有一小釜，沃湯其中，熾火於下，盤置雞魚羊豕之肉片，俾客自投之，俟熟而食。有雜以菊花瓣者，曰菊花火鍋，宜於小酌。以冬物皆生切而為絲為片，故曰生火鍋」。這段話講到了火鍋的基本內涵，將生的食材切絲或切片，大家圍爐，邊涮邊吃。

吃菊花火鍋最出名的自然是慈禧太后。唐魯孫追憶北京的菊花火鍋以報子街「同和堂」最出名，「同和堂的菊花鍋子湯，絕不用雞鴨湯，而是上好排骨弔的高湯，所以鮮而不膩，一清似水，鍋子料子一定是鱖魚片、小活蝦、豬肚、腰片，什件都是去疣抽筋一燙即熟，菊花選得精，洗得淨，粉絲、饊子都用頭鍋油炸，所以沒有煙燎子味兒」。從前唐魯孫就常埋怨臺灣吃不到菊花火鍋，可恨直到今天還吃不到。

涮羊肉最有名的則是北京的「東來順」。一九九一年冬天我再訪北京，和劉心武、傅光明等人吃涮羊肉，當時我還年輕，冷天的體溫總像狗一樣，0℃的街角吹來漠北的風，他們都穿綿襖、圍巾，唯我一件短T恤；他們每人吃不到半斤肉、喝不到三兩二鍋頭，唯我一口氣幹掉兩斤羊肉、一斤半的二鍋頭，猶嫌不足。驚得他們瞠目：「你們臺灣人都這麼驃悍嗎？」

臺北的涮羊肉我最欣賞「萬有全」，也許是老闆長年在南門市場賣臘味，每一種涮料都很講究，雪花肥牛、羔羊肩肉、山豬白肉無一不美，那三層山豬肉色澤粉紅，帶皮刨切，嫩中暗藏彈勁，環繞擺盤，燦爛得宛如盛放的牡丹花。那羊肉和牛肉，肉質透露著乾淨純正，顯示宰殺時已確實放血。我吃完了，那盤裡竟無血水，鍋內仍似先前清澈，不見褐花浮沫。

「萬有全」基本屬性像酸菜白肉火鍋，那湯頭是用金華火腿、雞骨、蔬菜所熬，香郁饞人。我每次去一定會點食豆皮、牛肉丸，和手工自製的花枝球、蝦球；豆皮久煮之後透露著奇妙的豆香，各種丸子不泥不粉，帶著食材原始的氣味；此外，燒餅夾肉也很好吃。

## 5.

吃來吃去，我猶原鍾情於酸菜白肉鍋，熊熊爐火，熱情般滾沸圍爐者的情誼。東北連接著酸白菜，白肉連接著滿族祭祀。《奉天通志》記載滿族的冬令傳統筵席「野意火鍋宴」，顯見初期的東北火鍋即食材豐富。我想像那湯鍋飄香，食者紛紛將嫩鹿肉片、嫩狍肉片、嫩野雞片、嫩野羊肉片、嫩黃鼠肉片，和發好的鹿筋、蛤士蟆入鍋汆煮，再加些干貝、魷魚、豬肉片、魚片等等涮熟，吃的時候蘸芝麻油、芥末、醬油、香醋、腐乳汁、韭菜花、粉皮絲、菠菜葉等佐味。

酸菜白肉火鍋接近野意火鍋。東北的漬菜火鍋為黑龍江特產，標準鍋底是雞湯，加上酸菜舖墊，將五花肉切得極薄，這兩種食材乃精神標誌，其它各式肉片，或蟹、大海米、粉絲、鹹香菜之屬俱為陪襯，鍋身則須使用設有炭筒的特製鍋，銅質、鐵質皆宜。不過，鍋具是有幾分講究的，一般使用傳統的碳燒鍋，中間為爐膛火口，爐子裡置點燃的木炭；爐膛需大，由小煙囪上的圓鐵蓋控制火勢；爐槽需寬，以容納豐盛的菜肴。整體線條需圓滑流暢，才是值得欣賞的造型。

臺灣名氣較大的酸菜白肉火鍋店，我將臺北的「圍爐」、「同慶樓」、「長白小館」

和竹北的「坊間」、高雄的「劉家小館」的製作水平擺在同一檔次，都算中等；較差的是「北平都一處」；最好的是十幾年以前的「勵進餐廳」。

「圍爐」和「坊間」較講究裝潢布置，相對缺乏一般酸菜白肉鍋常見的嘈雜和熱度。前者尤其顯得安靜，常有一些外國人來用餐。此店頗諳現代餐飲的行銷管理，設計有套餐，一個人也能品嘗道地的酸菜白肉鍋，這是我嚐過最清淡的東北鍋，裡面有最溫和的酸菜，酸味頗淡，可能用的是熟醃法。

調味料在酸菜白肉鍋中扮演要緊的角色，「圍爐」的調味料和「萬有全」一樣，有十五種供選擇，我還是偏愛傳統的「老七樣」——芝麻醬、腐乳醬、韭菜花醬、辣油、醬油、蝦油、香菜，目前流行的調味料以沙茶醬最不適合東北火鍋，店家體貼不同的食客，胡亂提供，徒然害了老七樣的美感。

「圍爐」的燒餅結構紮實，韭菜盒也迷人；就是缺乏一種火鍋的熱度，一種喧鬧的氛圍，吃食環境和普通餐廳無異。蓋吃東北火鍋不能太溫柔，得帶點野性才夠味。此外，侍者總是迫不及待似地將桌上的白肉全部放進鍋內，那是煮豬肉，失去「涮」的基本精神。

江湖上早就盛傳「坊間」的酸菜白肉火鍋，店家原先在中和營業，後來遷移到竹北。老闆強調其酸白菜以自然發酵，絕不添加洗米水、酒來催促發酵，且採形狀較小較圓的黃芽白，漬後酸味溫和柔順。每年五月白菜盛產，店家就預買八百至一千斤醃起來。

一家店一年買百千斤的白菜實在不算多，北京人每逢大白菜上市，五口之家買個幾百斤是尋常事，我曾在胡同裡看他們購買、囤積大白菜的盛況。北京人醃大白菜是豎切整棵菜，一破為四，醃好後，菜色呈半透明狀。古詩文稱大白菜為「秋菘」，《光緒順天府志》載：「黃芽菜為菘之最晚者，莖束如卷，今土人專稱為白菜。蔬食甘而腴，作鹹虀尤美。」鹹虀就是醃漬酸菜。

除了酸白菜，「坊間」的豬肉片似已醃過，整齊排列煮在鍋中，並未讓食客自己涮，這就外行了。酸菜白肉火鍋的五花肉必須片得極薄，薄肉入鍋立刻就癱熟，如此久煮，風味盡失矣。此館的凍豆腐、汆丸子，和燒餅、軟炸里肌都相當美，老闆說這丸子選用夾心肉絞成，再加蛋調味，捽打成形。

從前我較常去「勵進餐廳」，這店原為臺電的員工餐廳，在臺電宿舍區內，只有店門口掛了一塊小招牌，別無明顯標誌。初次從和平西路的巷子進入，往往會懷疑走錯路了。店家專營酸菜白肉火鍋，無限量供應招牌的酸菜和三層豬肉片，另有牛肉、羊肉、凍豆腐、豬血、蔥油餅，和一些涼菜如肉凍、豬耳朵凍、炸肉丸、排骨酥、榨菜粉絲。

白肉的正確作法應先在冷水鍋裡煮至八分熟後撈起，再冷凍嚴實，如此肉片才顯得光滑舒展，吃起來肥而不膩，鬆軟鮮嫩；下鍋前取出刨成薄片，在沸湯裡一涮，立刻卷縮成熟。

勵進的白肉並沒有這道工序。也許是生意太好，餐廳裡總是鬧哄哄地像大食堂。那老闆不論寒暑總是頭頂回帽，在餐廳顧盼巡視，糾正食客的吃法。二十年前我首次去，才將兩盤肉片倒入鍋內，他一個箭步衝過來喝止：「吃肉要一片一片放進鍋裡涮，不能一下子全部倒進去煮，你吃東西這樣粗魯，將來回大陸會丟人現眼啊！」眾目睽睽，害我覺得很沒面子，差點惱羞成怒；可那血腸實在好吃，只好委曲求全地，繼續吃血腸。

白肉血腸乃滿族那氏首創，一八七二年，那吉有在大東門里開設了一家專賣白肉血腸的餐館，立號「那家館」，他選料精、製作細，聲譽鵲起。其白肉選用新宰的五花硬肋，調料，急火煮沸，再移文火汆透，膘肥不膩，薄如紙帛；血腸則是將澄清的鮮豬血加砂仁、桂皮、紫蔻、丁香等料攪勻，調和鹽、味精、水，灌入豬腸內煮熟，吃起來脆嫩綿軟，不膩不糊。當年勵進的血腸自然無臻此境，不過老闆的自我感覺良好，他很得意加了高粱酒調味。遺憾後來竟連血腸也不作了，沒有血腸的酸菜白肉鍋已大為遜色，餐廳也不再值得驕傲。人是有自尊的，下次那老頭膽敢再當眾糾正我的吃相，本人肯定他媽的回敬粗話，翻他桌子。

我吃過最美味的東北酸菜白肉鍋是藝術家程延平所烹製，他乃卓蘭全人中學創校的校長，東北望族之後，外形酷似奧薩瑪．賓拉登，望之儼然，個性卻非常三八，一見面就會開玩笑。校長加工的酸白菜訣竅是切絲，他切白菜如創作，一絲不苟，卻慢條斯理，顯然荒廢廚事久矣，建議他經常下廚宴客。

## 6.

現代人重視養生，菇蕈的熱量低、纖維多，鮮嫩可口，逐漸成為火鍋的要角。「佰菇園」與埔里農場合作，可謂專業的菇蕈鍋，我一個人去吃都點食其招牌套餐。那鍋湯果然非同等閒，乃以烏骨雞、靈芝、枸杞、紅棗，和各種時令菇蕈，諸如雞棕蕈、雞油蕈、姬松茸、白蘑菇、巴西蘑菇、香菇、大腳菇、牛肝蕈、猴頭菇……使得蔬菜盤在眾菇之前失色。前菜的杏鮑菇沙西米、香菇絲、香菇酥先已令人驚豔；作為主食的佰菇餃和蘸煉乳吃的小饅頭也很特別，我尤其愛佰菇珍飯，口感頗似日式鮭魚子蒸飯的作法。也許是一口氣吃太多菇蕈，唯一的牛肉盤對比出鮮甜的滋味。

火鍋最要緊的往往是湯底，美味的湯底乃店家不傳之秘。一樣的霜降牛肉，在普通的湯鍋裡涮，還得依賴蘸醬調味；涮進「天香回味」鍋竟產生奇妙的韻律感。

「天香回味」是一種養生藥膳鍋，強調「固本培元、養顏美容之功效」，聲稱「六十八種天然植物精煉宮廷御膳」，味道非常濃烈，初次去我是在離店二十米外即聞到火鍋飄香，循香抵達。

「湯裡放了那些香料？」問了也白問，制式的回答是包括當歸、決明子、白荳蔻、甘草、枸杞子、良薑、大茴香、辛夷、黨參、肉蓯蓉。店家印製的傳單中附會傳說，謂湯底乃成吉思汗怎樣為了強壯軍民體魄，命人研發成功，並怎樣怎樣列為皇家最高機密；後來不知如何失傳，現在又如何如何因緣際會幸獲秘方，講得好像武俠小說裡的秘笈。我從不知道成吉思汗竟如此充滿學術研究精神，又如此重視飲膳之道；然則火鍋好吃，應該還不至於吃了就能讓帝國稱霸地球。

店家自製的火鍋料如魚丸、天香粉和「蒙古包」都頗有滋味，蒙古包的外皮用大豆製成，內餡是香菇、筍和豆腐，遠勝市面上常見的蛋餃。此外，他們的「金絲戀餅」也遠勝尋常的蔥油餅，服務員神秘兮兮地說，這餅是老闆從蒙古學回來的技術，從不外傳。一般強調養生藥膳，多距離美味很遙遠，「天香回味」融合繁複的口感，辛辣鹹鮮，直追朝鮮族的「神仙爐」。兩種鍋都帶著抗寒祛濕拒風的意義。

## 7.

近年臺北流行的起司鍋、巧克力鍋、布根第鍋，都屬瑞士火鍋，個性不愠不火，鍋小火微，帶著幾分古典的名士氣。瑞士鍋都叫風度（fondue）鍋，即火鍋的意思。

有一次莊伯和、張瓊慧伉儷就在家對面「瑞花餐廳」宴請我們，情韻特別。瑞士火鍋的概念迴異於我們熟知的涮煮方式，一般使用細長的叉子烹食，或蘸醬或烤或炸，就是不用煮的。起司鍋乃是將乳酪和白葡萄酒在鍋裡熱融，白葡萄酒中的酒石酸能促進固體起司裡的蛋白質溶解，滾沸時看起來像乳酪糊，帶著酒香，蘸結實的全麥麵包、花椰菜、馬鈴薯、蘑菇、牛肉吃，蘸海鮮也不錯。

巧克力鍋則是煮巧克力成濃汁，加入紅葡萄酒調味，乃餐後甜點，常用來蘸偏酸的水果，或較鬆軟的麵包。兩種鍋都非用來沸煮食物。

布根第鍋的「湯」底是一鍋植物油，用來炸食材。另一種「瑞士帽」外形接近韓式銅盤火鍋，是唯一有高湯作底的鍋，不過湯也不多，主要還是中間凸出的帽緣，用來燒烤肉品。

瑞士鍋有點像《老殘遊記》裡的「一品鍋」——平底銅鍋下有一鏤空花圓圈，架住此鍋，圈中的敞口大杯裡放高粱酒，用以點燃加熱，功能像酒精燈。我總覺得這些瑞士鍋還不能算火鍋，主要是缺乏將生的食材沸煮的過程。

可能是長年鼻塞，我吃火鍋饞不擇時，所幸現在的涮涮鍋店到處皆有，一個人開鍋很方便，冷氣也都開得很強，無虞燥熱。遺憾火鍋店雖夥，美味的卻不多。

一般火鍋店所提供的火鍋料無非魚餃、蝦餃、蛋餃、蟹味棒，及各式魚板、丸子等廉價加工品。如此缺乏想像力和創意，是一種集體怠惰，非僅不健康，更使火鍋庸俗化。我不理解，何以那麼多人吃火鍋時總是另備一大堆冷葷、熱炒，甚至大菜。這真是壞習慣，火鍋就是火鍋，簡便而隨意，怕分量不夠，多備涮料即可。

吃火鍋葷素皆宜，豐儉隨意。我在家製火鍋湯底，歡喜加進一隻螃蟹、兩片榨菜，能有效提昇湯頭之鮮美。至於蘸醬，基礎是醬油，也不可忽略切得極細的蔥末，若能加一點柚子，滋味更美。

火鍋可能是各種料理中最能增進感情的，在人情日益澆薄的年代，大家應該常一起吃火鍋。大學剛畢業時在《商工日報》上班，有一天晚上錦郁的父親在報社對面的日本料理店宴請女兒、女婿，阿騰帶我去飽餐一頓。至今難忘那清澈的湯鍋，鍋裡的嘉鱲魚頭和豆腐、魚板、青菜，對一個窮讀書人，有著一飯之恩的滋味。

我還是覺得燒炭的火鍋較有味道。電磁爐煮火鍋沒有火，雖則省事方便，情趣不免蕩然。大家圍坐在小火爐前，看那炭星迸落，火花流溢，每個人都是廚師兼食客，邊涮邊吃，葷素完全由自己掌握。這是烹調之處，是吃食的地方，更是一個團圓的所在，蒸氣升騰，爐邊閒話、小酌，添湯續料，從來不會缺少歡笑聲。

——二〇〇八年

# 論豬腳

# 1.

黃信介剛出獄時，我在報上看到他，含笑在家裡吃一大碗豬腳麵線，他的筷子夾起麵線，面對著攝影鏡頭微笑，那笑容背後透露著深刻的滄桑，那碗豬腳麵線，飽含了苦盡甘來的滋味。

不知什麼道理？臺灣人咸信，吃豬腳麵線可祛除晦運。有一次我太太去燙髮，被粗心的店員燙傷了臉和肩膀，對方最後竟端出一碗豬腳麵線來消災解厄。消解誰的災厄？這種賠罪方式很滑稽，也很無理，卻順利幫那家美容院度過難關，豬腳加麵線，相當於歉意加人情，功能不可小覷。

可惜豬腳並不能為自己消解災厄。口蹄疫流行期間，我頗為沮喪，起初，我不很明白有什麼好沮喪？只是不吃豬肉罷了；後來明白了，害我們傷心的不是豬肉，是豬腳。沒有豬肉，生活照樣過，影響不大；沒有豬腳，日子就顯得有點艱難。

除了消災解厄，豬腳還帶著祝福的意思。簡媜二十歲生日時，簡媽媽滷了一鍋豬腳，從宜蘭搭火車提到臺大宿舍，要為女兒「做二十歲」，簡媜不在，簡媽媽就站在外面等女兒回宿舍……我一直忘記問簡媜，究竟如何消化那鍋豬腳？我想像那鍋豬腳的熱度和口感，越想越動容。

## 2.

臺灣人善烹豬腳，不過製作豬腳先得具備起碼的清潔，草率的豬販沒耐心拔除豬毛，往往用火烤掉表皮上的毛；懶惰的廚師也隨便沖洗即算搞定。我們面對一隻毛茸茸的豬腳，如同面對一個公然貪贓枉法的政客，嫌惡唯恐不及，怎麼可能愛上它？

除了不能毛手毛腳，燒出來最好還能光鮮亮麗，這就需要耐性，跟蘇東坡提示的「慢著火」一樣，小心呵護，疼惜，千萬焦躁不得。我岳母擅烹蹄膀，正宗客家口味。她的作法是先將處理乾淨的蹄膀加蒜頭和八角，浸泡在米酒、醬油裡半小時，加入燙過的筍乾再蒸熟。一般人蒸燒圓蹄，習慣搭配青江菜，大概是考慮到色澤；筍乾吸收了蹄膀的油膩，本身也蘊藏著美味，耐於咀嚼，確是更美麗的組合。

蹄膀尤其指豬後蹄靠上肢的一段，我總嫌它精則太精，肥則過肥，缺乏調和，像各種信仰、主義的基本教義派；我偏愛中段和腳蹄。然則袁枚說加酒、秋油隔水清蒸的蹄膀，號稱「神仙肉」，可見蹄膀的美味自古流傳，靠的是調和鼎鼐的手段。起初我不明白，袁枚常說的「秋油」究係何物？請教逯耀東教授，他說就是醬油。

燒蹄膀是南方的發明，江浙一帶用砂鍋燉蹄膀，常輔以金華火腿，取名「金銀蹄膀」，是一道討吉利的宴席大菜，《紅樓夢》第十六回，熙鳳屋裡的火腿燉肘子，就是標準的江浙燒法；「肘子」乃北語，即南方話的「蹄膀」。如果以鐵鍋燒煮，火不能猛烈，尤其是蹄膀與鍋的接觸面，是一個盲點，得隨時糾正，分寸調整。林文月在《飲膳札記》也指出，燜燒蹄膀須隨時提高警覺，不要離開廚房，因為「有醬油、冰糖等作料，所以一不小心容易燒焦。不過，微微燒焦的蹄膀，有時因其十分入味，反而有特別的焦香效果」。

帶著輕度的焦香，又沒有真正的燒焦，使蹄膀處於一種臨界狀態，這時候，危機即是轉機，不能蹉跎，就像睿智的政治家高明的手腕，精準控制火候，讓冰糖、醬油、蒜、蔥、薑各種勢力快樂地融合，而不是悲情地對抗。一隻燒得好的豬腳，宛如高尚的情操，會產生令人窒息的敬意。我們通過換喻，臺灣的政客太缺乏豬腳文化了，每次選舉都拼盡全力挑起族群、省籍情緒，他們多蠢得要命，又太耽溺焦香般的選票，將一鍋可能的好肉弄苦弄腥，卻不負責任地離去。

蹄膀最美味的部位是最容易燒焦的皮。「天罈」烹蹄膀頗富想像力——將蘋果打成泥，送進窯內慢煨六小時，出窯時，果酸已成就了蹄膀的色澤和口感，整個圓蹄像一顆熟透的大蘋果，外皮紅嫩，內裡澄白，搭配青菜、紅蘿蔔球，很是好看，充分勾引食慾。

## 3.

我吃豬腳的資歷尚淺，聞名已久的廣東「白雲豬手」和大荔「帶把肘子」還無緣嘗試。從前我總覺得白煮和清蒸豬腳的顏色太蒼白，有礙食慾。改善辦法，除了燒烤，醃漬也不錯，清人朱彝尊《食憲鴻秘》記載了五種豬腳的燒法，「煮薰腫蹄」、「醬蹄」、「凍肉」、「百果蹄」、「蹄卷」，其中兩種就屬醃製，醬蹄的作法甚至講究了季節，「十一月中取三觔重豬腿，先將鹽醃三四日，取出，用好醬塗滿，以石壓之，隔三四日翻一轉，約醬二十日，取出，揩淨，掛有風無日處兩月，可供洗淨、蒸熟，俟冷切片用」，作法容易理解，我不明白何以選擇十一月中？至於蹄卷的作法是「醃鮮蹄各半，俟半熟去骨，合卷麻線，扎緊，煮極爛，冷切用」。

延吉街「翠滿園」餐廳醃漬蒸豬腳改變了我對蒸豬腳的偏見——先醃漬一星期，再蒸兩三個小時，使豬腳有了含蓄的鹹味，皮和肥肉飽滿彈性，瘦肉交錯著筋絡，很有咬勁；色澤如胭脂，透露著誘人的香氣，那香氣又帶著一種木訥性格，不浮誇，不炫耀，只有在咀嚼時，沈穩地散發出來。有意思的是蘸豬腳的檸檬酸醬，融合了南洋風味，可惜不如馬來西亞流行的酸柑醬，建議翠滿園在檸檬酸醬裡添加一點點蜂蜜，料應可以豐富蘸醬的層次。

用黃豆燒豬腳的創意不知源自何處？黃豆的氣味尤其能表現豬腳，由於黃豆吸收了豬腳的油膩，使豬腳產生腴潤而清爽的嚼感，黃豆本身也因此十分下飯。每次我獨自在福華飯店附近混，總喜歡到「忠南飯館」點一客蹄花黃豆，忠南飯館賣的是客飯，飯、湯、茶資不計，經濟實惠，卻絲毫無損豬腳的品質，家常口味，展現的是老師傅手藝。

吃飽了，撐著大肚皮，散步於林蔭道上，依靠在旁邊的露天咖啡座，啜飲咖啡，觀賞來往的行人和車輛，想一些心事，竟有置身海外的錯覺。大約，旅行異國無非就是藉變換空間來變換生活節奏，我們在變換生活節奏的同時，也變換了觀看事物的角度，乃產生了陌生感，和遙遠感。也許我們的生活太缺乏一塊豬腳的提醒了，提醒我們慢慢咀嚼，慢慢散步，坐下來，觀看周遭彷彿熟悉實則陌生的事物。

我剛到報社編副刊時，餐廳經營甚佳，菜色不多卻味美價廉，其中就有一道蹄花黃豆，我幾乎每天都吃。記得初次吃飯，還接受劉克襄的飯票招待。我懷念有蹄花黃豆的舊時光，和那些一起端著餐盤排隊打菜的同事——張大春，阿盛，宋碧雲，林宜澐……後來餐廳數度被迫易主，每況愈下，起初我猶不甚瞭解，何以周遭怏怏不樂者居多？後來恍然大悟，問題可能出在餐廳。好吃的豬腳離開了，剩下一堆難吃的菜，誰吃了都會自暴自棄，上班那還有笑容？人生短促，只要一口氣在，總要有點格調，有點骨氣，平常我寧願餓到半死也不肯靠近餐廳。

## 4.

關於豬腳，我較喜滷、烤兩種作法，一方面是色澤迷人，二方面是料理過程中不斷飄散的香味，誘引嗅覺告訴味覺，味覺告訴知覺，各種審美快感愉悅地相激相盪。我曾經喜愛永和「阿水獅豬腳大王」的滷豬腳，一進門，就撞見幾個滷豬腳的大甕，年久烏黑的陶甕，沾滿不曾刷洗的滷汁，強調出一種古早感和稠黏感。那豬腳顯然久燜在甕裡，肉質潤而且滑，筷子所到，骨肉立分，入口即化；可惜阿水獅的豬腳並不耐久吃，偏鹹的味道壓抑了香氣，滷得太爛也侷限它僅適合熱食。

真正滷得高明的豬腳，熱食、冷食皆宜。我嚐過的滷豬腳以南京東路「富霸王」和萬戀「海鴻飯店」為極品，兩家的滷豬腳都甜鹹適度，不能再鹹一分，也不能再甜一點點。富霸王的滷豬腳令我迷惑，滷製過程究竟有什麼訣竅？古人用陳皮、紅棗、蔥、辣椒、酒、冰糖、醬油佐製豬腳大約是最基本的提味，大致為今人所遵循；《隨園食單》記載豬腳作法中有以蝦米煎湯代水，加酒慢煨的辦法倒頗富創意，我在家裡試了幾次，風味很好，卻試不出富霸王那種口感——火候控制精準，口感正好，絲毫不見韌性，也無熟爛感。吃富霸王的豬腳彷彿跟少年時代的好朋友喝酒談笑，沒有裝飾，沒有心機，也不必講究禮貌；那香味，是豬腳本身滷製出的香味，質樸而純粹，一入嘴就在口腔裡煽風點火，鼓盪出食慾的群眾運動。我坐在店裡吃，都不免口舌衝動，心想，明天，明天再減肥吧。

海鴻飯店的豬腳最不油膩，除了一律採用前腳，並經過汆燙、冷藏的製作程序，再以特殊醬料和中藥滷熟，冷卻後切片。切片是為了方便食用，也為了蘸自製的蒜蓉佐醬，佐醬和豬腳結合得很是愉悅，富彈性的肉、蒜香的醬，纏綿在唇齒之間。海鴻飯店的豬腳是我們臺灣值得驕傲的土產，它結合了我的旅行經驗，每次我去都外帶，帶到墾丁國家公園，在山海之間野餐；回程再去外帶，帶更多回家儲存在冰箱裡，慢慢享用，仔細追憶旅途的滋味。

我恐怕太貪吃了，從前感覺一個月比一個月胖，後來覺得一天比一天胖，現在竟發現一餐比一餐胖，悲哀的是，這些都是真的。去年，太太使用激烈的手段對付——送我去斷食營。

斷食營為期三天，在關渡「楓丹白露」社區，我將行囊放進房間，打開窗，聞到一陣又一陣飄過來的肉香，不曉得是那戶人家正在滷豬腳，那氣味是一種沛然莫之能禦的力量，一種堅定的信念，循精準的方向，直接命中我的嗅覺器官，激起洪水般的食慾。

我究竟做錯了什麼？被送來這裡挨餓。連續兩餐沒吃固體食物了，如今聞到滷豬腳的氣味，從氣味知道那肉湯裡有蔥、蒜、八角，已經滷透了，生平所聞最殘酷的氣味正折磨著我的精神意志。教元極舞的老師帶領跳舞，試圖讓大家忘記飢餓，我邊做邊東張西望，李昂、施淑、陳文茜、周明芬都住在這社區，我害怕被她們瞧見一個貪吃鬼捱餓著做一些愚蠢的動作。我做錯了什麼？那滷豬腳的氣味在我的思維裡洶湧澎湃。那天深夜，我趁人家不注意時，落荒逃離斷食營。

## 5.

我常吃的烤豬腳是配酸菜的德式吃法。溫州街「黑森林」的德國豬腳在朋友中略有口碑，最好吃的其實是蛋糕。我去了幾回，豬腳的火候把握堪稱適度，可惜醃得過鹹，肥肉部分又會黏牙，缺乏彈性和香味。在黑森林吃豬腳配全麥黑麵包、德國啤酒，頗有地域、民族風味；然而必須有大肚量才能吃完一份德國豬腳特餐，我所謂的肚量兼指對豬腳品質的寬容。

信義路「歐美廚房」的德國豬腳也標榜正宗燒法，卻相對稍微高明，它的皮最具特色，烤得又酥又脆，帶著一種炸去脂肪的油渣香，不論蘸酸菜或芥末，都很富嚼勁；不過它的豬腳仍不免黏牙。為什麼要拘泥德式燒法和吃法呢？

羅斯福路「天然臺湘菜館」的烤豬腳先以中藥材醃漬過，烤出來皮色鮮亮，咀嚼起來不黏不滯，有特殊的香味，加上配鳳梨、醃黃瓜吃，更富巧思，連骨頭都想咬下去。奇怪，天然臺的口味一向甚重，這道烤豬腳竟不慍不火，絲毫不見湖南騾子脾氣。

可見烤豬腳跟搞政治一樣，要知所變通，保持彈性、圓滑和柔軟，最怕僵化的意識形態，最怕拘泥形式和基本教義。長相俊醜不要緊，外來的或本土的也統統不要緊；要緊的是動作不能粗魯，可口才重要，創意和想像才重要。

「天罈」燒烤豬腳就知所變通——先用西班牙紅酒醃三天，再以天然植物調味，用他們標榜的龍窯灶窯烤，切片端上桌，由於醃料充分浸透，烘烤後保留了水分，皮肉俱表現出鮮嫩、多汁、彈牙的質感，很有個性。天罈的烤豬腳要跟蘸料、飲料一起看待才算完整，蘸料有粉、醬兩種，前者綜合了辣椒粉、芝麻、花生粉和花椒粉，經炭火烘成；後者用蜂蜜、醋、辣椒醬調製，頗有南洋風味。兩種蘸料如音樂伴奏，合力演出主題。此外，他們自製的醃梅和梅茶，用來配豬腳吃，甘潤爽口，沖淡豬腳的油膩，也能幫助消化，體貼我們的腸胃。

可惜天罈最大的一面牆上掛著一幅很殺風景的字：「天賜好酒一罈，愁腸頓化雲煙，帝王美食思凡，留傳千古舞風」，文句不通已經折磨客人的雙眼了，署名「亦齋」的書者竟還落款「書賜天罈主人」，口氣之大簡直像清宮裡的老佛爺，不知何以還掛在牆上影響客人的食慾？其實天罈自己生產的陶瓷頗為美觀，不妨也燒製一點壁飾，以取代不三不四的毛筆字，並呼應店內典雅的擺設。

我難忘在慕尼黑豪夫布勞豪斯（**Hofbräuhaus**）啤酒屋，一九九九年冬天，旅宿慕尼黑的兩天，陳玉慧都帶我來這裡混。這家啤酒餐館於一五八九年創立時是一家釀酒廠，ＨＢ釀酒廠所生產黑啤酒，是王室特別指定飲用的品牌。真是令人快樂的地方啊，賣場氣派、寬敞，長條原木椅坐滿了紅著臉的酒客，一走進門，人聲鼎沸，立刻感染到痛快、節慶的氣氛，樂隊演唱著德國民謠，上千人跟著歌唱跳舞，每一張臉都綻放出喜悅的笑顏，每一張嘴都大口喝啤酒，大塊吃德國豬腳，用力抽雪茄煙，酣暢淋漓。充滿歡樂的魅力，那魅力四射，感染了每一個飲酒的人，大家都覺得自己魅力無窮，同行的朋友感到旁邊的陌生人頻頻對她拋媚眼，另一個也說對面的德國佬一直對她放電，幾口啤酒下肚，不知不覺，她們已跟鄰座的陌生人手挽手，隨著樂隊的節奏擺盪起來。ＨＢ的啤酒，只要一杯，就讓人模糊掉年齡；ＨＢ的豬腳，帶著歡樂的滋味。

我咬過最難吃的德國豬腳是新生南路的「骨倉」，乾澀，堅硬，了無滋味，要咬這樣的豬腳不如去咬皮鞋。豬腳何辜？竟受如此凌辱，如同納稅人遭遇立法院的群魔，有幾次我想到那豬腳，慘遭劣廚毒手，不禁泫然欲淚。

上帝保佑豬腳。

李漁告誡我們，多吃肉會變得愚蠢，「以肥膩之精液，結而為脂，蔽障胸臆，猶之茅塞其心，使之不復有竅也」，他以虎為例，認為老虎是最愚笨的野獸，原因在於老虎「食肉之外，不食他物，脂膩填胸不能生智」。我自然明白肉食主義有礙人體健康，積習難改，運動量又不足，血脂肪濃度增加，威脅到心腦血管，也許真會影響思考也說不定；雖然如此，我不確定老虎的智商指數，對李漁的說法還是半信半疑，何況，我的食性可能已經積重難返了，如果常常有好豬腳吃，即使會智障，我也義無反顧。

——二〇〇一年

# 論牛肉

# 1.

我還在中國時報上班時，晚餐常到附近的小餐館吃蔥爆牛肉，爆火快炒牛肉片，老闆掌勺俐落，七、八勺左右即起鍋，頗得中華料理炒功之奧妙。

一般廣東炒牛肉，先以蘇打粉醃漬牛肉，再用水沖洗蘇打粉的澀味，然則蘇打粉令牛肉變嫩的同時，也奪走了牛肉味。往昔「涎香小館」融合西餐作法，開發了一道「鬼才牛肉」，捨蘇打粉，改用鬆肉粉，再加上太白粉、蛋白、糖、醬油拌過，重油快炒，然後搭配油條、酸菜食用。這是朱家樂有一次去香港「鳳城」餐館探望老東家，臨時就地取材所奉獻的一道菜，「鬼才」乃鳳城老闆所命名，除了取油炸鬼、酸菜的諧音，也贊許昔日愛將的才華和創意。

朱家樂的順德菜了得，然則我對鬼才牛肉仍不以為然，無論蘇打粉或鬆肉粉都抹殺了牛肉味和咀嚼感，實不足為訓。

酸味頗能提昇肉質，香港「金牛苑越南菜館」的牛肉片酸鍋，即是靠那一鍋酸得要命的滾湯，將牛肉片在酸湯裡涮一涮，魔法般，那普通的肉片竟像被上帝祝福過，有著不可思議的鮮美。牛肉片涮酸鍋，本來強烈的個性，忽然變得十分溫柔，和諧，細緻；讓我聯想張北和先生的「水鋪牛肉」。

張北和先生是搞肉高手，我聞名雖久，卻緣慳一面，有一天我在聯副發表〈論牛肉麵〉，接到他的長信，表示欣賞，並邀我赴臺中「將軍牛肉大王」，說自己年事漸高，身體也欠佳，已經鮮少下廚，不過他要親手燒製一桌菜肴云云。張北和賣牛肉麵二十一年，得過九次烹飪比賽獎，尤其精通藥膳，卻乏人贊美，「不但我卑怯自己的職業，連二位已成年女兒，也同樣怯於在人前提起自己父親的職業」，我在這封信裡讀到一個廚藝家的熱情和執著。

## 2.

初赴臺中「將軍牛肉大王」，張北和剛吊完點滴回到店裡，笑臉猶帶著病容，一道道，將他張羅兩天的菜端上來。這席盛宴有三道牛肉──「頭角崢嶸」、「水鋪牛肉」、「蔥煎牛肉」，臺灣只有這裡吃得到。尤其是前兩道，我前世一定作了什麼大善事，才有這樣的福氣享受到。

「頭角崢嶸」乃紅燒腱子頭，取前腿靠關節部位的那塊肉，每頭牛只有兩塊，每塊的外形都像蓮蓬頭，三分之一筋，三分之二肉，筋和肉完全交錯融合。紅燒腱子頭的尷尬處是筋肉難以同時熟軟，往往當筋煮到熟軟，肉已糜爛，張北和的基本動作是讓它在煮開的滷湯裡燜一夜，筋充分吸收滷汁，肉又不會太爛。這是張北和一九八三年參加職業烹飪比賽獲金廚獎的作品，當時作品端上來，評審唐魯孫筷子輕輕一碰，即贊道「好！」

高明的廚師深諳烹煮牛肉不可用寡水，必需先用骨頭熬一鍋好湯，這樣牛肉在下鍋、收縮瞬間，纖維吸收了高湯中的膠質，使肉質有了潤滑效果。張北和的滷汁裡還加入陳皮、福州紅糟、甘草，陳皮有消除脹氣的功能，加上紅糟，使牛肉散發出特殊的湛香味；甘草不但取代了味精，更能潤喉、解肉毒，產生回甘效果。

相傳「水鋪牛肉」原來是張大千的私房菜，並未傳授給家廚，只有好朋友來了，加上自己心情恰巧不錯，才會親自下廚烹製，吃過的人都驚為極品。這道菜失傳後，張北和偶然聽到唐魯孫、夏元瑜、張佛千口傳，開始動手嘗試，試盡各種牛肉，卻一直試不出他們形容的那種滋味；據說如此試了十六年，終於發現是牛的肩胛骨肉。

「水鋪」是四川話過水的意思，鍋裡的水滾了，勾芡過的牛肉下水一過，變色即撈起，拌上醬料。那天，張北和以綠豆芽鋪底，並準備薑絲、胡椒粉，和調過芝麻粉的豆腐乳佐食，每一口蘸不同的佐料，形成有趣的節奏感，所有佐料都嚐過一遍，宛如一次節奏的循環小組，這時候，吃一口綠豆芽，暫時讓味覺歸零，變換順序再循環，產生繁複的味覺經驗。那是一種神秘的味覺旅行。取上品之材，遇到優秀的廚師，又仔細燒製。

臺北的餐館我最愛吃「秀蘭」的蘿蔔牛腩，選料佳，筋肉分布均勻，大塊大塊地燒，使入口產生飽實感。

好肉需要好手仔細操作，王宣一的紅燒牛肉早已轟傳臺北文化圈，她又好客成性，已經宴請過許多人，猜想有更多人涎臉排隊。宣一的紅燒牛肉取牛前腿腱子肉，並加上牛筋。作法很講究，需費時三天，三天分三次燉煮，使高溫和冷卻之間得到平衡，控制火候如節制情感，大抵是經營一種含蓄而飽滿的美感，可見此肉的精神在於挽留牛肉的肌理，務令牛肉吸收了滷汁，又不經久煮而糜爛、潰散。

## 3.

牛每天散步吃草，後腿腱鍛鍊得很結實，肌肉纖維粗，需長時間燉煮令其柔嫩，才能表現牛肉風味，紅燒牛肉屬之。

無論食材或烹調，牛排是另一種層次。在臺北，我較愛去的牛排館是八德路「勞瑞斯牛肋排」。

美國食評家傑佛瑞．史坦嘉頓（Jeffrey Steingarten）在其妙書《舌尖上的嘉年華》中斷言，完美的烤牛排只包含兩種主要色澤：焦褐略酥的表皮，以及呈紅色或粉紅色的肉心，其它顏色層次都應該盡量避免。

欲臻此境，炭烤之前需讓牛肉升至室溫，並頻繁地翻面燒烤，炭火不可太猛；如果要求表皮酥脆，上烤架之初或之後得用高溫燒炙。我吃牛排，偏愛三、四分熟程度的rare，有時澆幾滴威士忌，不蘸任何醬汁，僅灑上些微的鹽入口，仔細咀嚼原味，那肉總是多汁，又嫩得令咀嚼速度緩慢了，不知不覺垂下眼皮，任舌頭專注品嚐。

搞牛肉最厲害的國家，莫非美國和日本。牛排館所在多有，惟美國人將它發展成足堪典範的精緻文化；特別是紐約，可謂全球牛排館之都，最頂尖的牛排館多聚集於此。

美國牛排的主要來源是公的小閹牛（steer）和未交配的小母牛（heifer），老公牛、老母牛則製成漢堡肉。

最柔嫩多汁的牛肉，是牛肩到牛臀的部位。牛的左右兩邊各有十三根肋骨，前五根藏在肩部裡；第六到第十二根是烤牛排所用的部位，肋骨後那兩條長形腰內肉，即「菲力」（filet）和「框排」（shell）；框排去骨，橫切，即是「紐約客」（New York strip）；腰內肉帶骨橫切會有幾塊「丁骨牛排」（T-bones）和「大脊骨牛排」（porterhouse steaks），丁骨在第十三根肋骨前方，含少量的菲力，較多的紐約客。豐厚、滿佈油花的「肋排」（rib steaks）、「肋眼排」（rib-eyes）、「紐約客」、「大脊骨」都是小閹牛和小母牛所能提供最柔美多汁的部位。

我們常以油花分佈來分辨牛肉的等級，無論是條狀、點狀或曲線，大抵是越多越好；油花越多表示風味越足，越多汁可口。蓋油花能潤滑肌肉纖維，予人柔嫩感。當然，好油花並非粗糙的紋理，而需講究精緻細膩。

肋眼上方，有一小塊油花重度分佈的彎形「背脊肉」（spinalis dorsi），是所有牛肉中最柔嫩、多汁、美味的部位，有人叫它「肋眼帽」（rib-eye cap）或「肋排頂」（top of the rib）。

咬斷、咀嚼肌肉纖維的難易，又和牛隻品種及熟成程序有關。

## 4.

我心目中的好牛以和牛第一，美國牛第二。和牛中除了名震天下的松阪牛、神戶牛，伊賀牛色澤迷人，池波正太郎在他《食桌情景》中敍述：「紅色的牛肉上有著淡淡的、雲彩般的雪痕，和松阪牛的鮮紅色調截然不同。若說松阪牛是在細心呵護下所培育的純潔處子的話，伊賀牛就是有著豐腴風韻的成熟女性了吧」。

一般家庭習慣將牛排放在冷凍庫以維持新鮮，可廚藝家卻歡喜將肉放在冰箱冷藏，聲稱這樣的肉質才細嫩。

如果讓牛排熟成幾星期，它會變得更柔嫩，風味更佳。風乾熟成（dry-aged）的牛肉常被形容為帶著奶油、燒烤、高湯、堅果之香，和脂滑感。其作法是將粗切的牛體，置於冷藏室，溫度在0℃～2℃之間，相對濕度保持在80％～85％之間，環繞牛體旁的風速需每秒1.5公尺左右，熟成幾星期乃至幾個月。

熟成效果乃牛肉裡的酵素所致，酵素可分解較長的肌肉纖維，令肉質柔軟。蛋白質本身並無任何風味，熟成時蛋白質被分解成氨基酸，乃釋出鮮美的滋味。不過成本會變得昂貴：牛肉在風乾熟成的過程會縮水，外表也會形成暗色的硬皮和黴菌，使用時必須切除。

臺中永豐棧麗緻酒店「風尚」西餐廳的招牌美饌「乾式熟成肋眼牛排」，每天僅限量供應十份。他們為了增加肉質的柔軟度、彈性和香味，牛排亦採取乾式熟成，在0℃~3℃中冷藏二十一天，然後削除乾掉的肉，剩下可用的僅有當初的四成；如此才進行炭烤，成品展現飽滿、紮實的肉味，和一種木訥老實的美感，雖則熟成方式和食材都猶有進步空間。

這真的很不容易，全美七十八家最好的牛排館，只有紐約市布魯克林的「彼得．拉吉餐館」（Peter Luger）和坦帕市「伯恩牛排館」（Bern's Steak House）這兩家是選用頂級牛排（Prime），風乾熟成五週以上。伯恩牛排館的酒單可能是全球最壯觀的：超過七千種佳釀，藏有五十萬瓶酒，可供選擇的單杯酒達一百六十種。

## 5.

美國的牛排分級日益降低，已寬鬆到幾近泛濫的地步，我們買一塊Prime，其油花標準可能只是Choice；買到的Choice，又可能只是Select的品質。從前美國的Prime，大約跟現在日本的「神戶牛排」同等級。

鐵板燒是當代開發的飲食文化，源自日本，融合西餐的形式。日本的鐵板燒標榜使用新鮮的高檔食材，龍蝦、鮑魚、干貝幾乎是標準配備，至於松阪牛、神戶牛、近江牛則象徵了餐廳的高檔次。

「尚林餐廳」老闆廖壽棧先生是臺灣鐵板燒的第一批廚師，開發出以鐵板燒烹製牛肉捲，我看師傅先將洋蔥、蘑菇、松茸、大蒜、蔥、青椒絲鋪在鐵板上慢炒，神戶（或松阪）牛肉切薄片，稍加烤炙即包捲起炒熟的蔬菜配料，葷素快樂地結合，很有意思的創作。

鐵板燒不能缺少牛排，擅長搞肉的師傅會將牛排邊的筋切下，暫置一旁繼續加熱，再以辣椒、大蒜爆炒，十分美好的重口味。

牛排中最美味的無非美國牛及日本牛中的「神戶牛肉」和「松阪牛肉」，我特別想談後者。松阪牛是一種在日本三重縣松阪市飼養的黑毛和牛，此牛從出生到屠宰都納入嚴格的控管，不僅生活環境需乾淨清潔，飲食起居也十分「樂活」——不亂吃青草，飼以豆餅、大麥、啤酒，為促進血液循環，還定時需要散步、按摩。廖壽棧可能是臺灣第一個進口松阪牛的餐館經營者。

松阪牛委實是牛的貴族，「肉類中的藝術品」，其肉質細膩精緻，脂肪均勻分布在瘦肉間，形成美麗的霜降紋。任何稍有自尊心的黑毛和牛，不會容忍身上的油花分布有一點點粗糙。

這麼奢侈的肉，一定得原味原汁地嚐，只要灑一點點鹽，千萬別淋上任何醬汁干擾。由於脂肪豐厚，煎的時候會不停地滲出油脂，我注意到師傅一直將多餘的油脂舀棄，一反別人將油舀起再淋在肉上；還需準確掌握火候，切忌肉質老化。「尚林」的標準動作是外微焦內鮮嫩多汁，外焦內生，目的在封鎖鮮美的肉汁。我感動於這樣細心的小動作，雖然「耗油」，卻避免反覆升溫的「回鍋油」破壞了肉質，更傷害食客的健康。

松阪牛很能代表日本獨特的飲食文化。此物可謂這世界的夢幻牛肉，送進嘴裡好像不必用到牙齒就化開了，同時散發令人驚訝的鮮甜和肉香，餘韻綿延，令心底湧起一股幸福感。

## 6.

我最甜美的牛肉記憶是一九九九年，吃到印地安人的傳統作法。那時我的長女珊珊剛小學畢業，我們父女二人旅行美西，一天中午，搭直升機暢遊科羅拉多河峽谷後，來到一處印地安人經營的小吃攤。我們在懸崖邊聊天，欣賞眼前長二百七十七哩、超過一哩深的大峽谷，科羅拉多河在地表上雕刻了幾百萬年的作品，雄壯，宏偉。身旁是好看的龍舌蘭，幾隻兀鷹跳來跳去，偶爾啣到一塊肉，飛到岩石上或樹枝上啄食，我和我美麗的女兒面對著幾百萬年的歷史場景，慢慢吃著印地安人燒製的牛肉、玉米，談著一些旅途見聞和體己話，心想人生不知有幾回這樣幸福的光陰？我明白她很快就會長大了，不再需要父親帶她出遠門旅行。感傷中我忽然充滿感謝，竟能品嚐到這種滋味，忽然覺得那煙燻過的牛肉，悠閒中帶著一種浪跡天涯的豪情，我知道那牛肉，有著生命中最甜美的回味。

——二〇〇九年

# 論牛肉麵

聽說女人害喜，會忽然鍾愛或厭惡某種食物；我不知害了什麼，近半年來，常流浪街頭，到處找牛肉麵吃。若有幸遭遇一碗美味的麵，真想為它唱一夜的頌歌；如果不慎吃到難以下嚥的麵，則會沮喪好幾天。

臺灣人從前曾將牛肉懸為一種禁忌，我從小就屢被告誡不准碰牛肉，牛肉麵究竟什麼時候在臺灣普遍起來的？是隨國民政府到臺灣的老兵所發揚的嗎？將牛肉加進麵裡是吃麵觀念的創舉，啟迪了臺灣人的飲食習慣，開發味覺的探險領域，貢獻卓著。

## 1.

我的牛肉麵啟蒙是高中時代，在高雄市鳳鳴廣播電臺旁邊，每天夜裡會有一對姊妹把麵攤推到那裡，營業到深夜兩三點。她們和我的年齡相彷，好像還是學生身分，長得頗為清秀，也許是木訥，也許是疲倦，透露著憂鬱的形容。

彷彿是神秘的約會，每天深夜，我總是推開正在讀的書，穿越一條窄巷來到她們面前，鄭重地點一碗牛肉湯麵。尤其是冬夜，我低頭吃麵，總會升起莫名的疼惜情緒，她們的功課不重嗎？她們的生活困苦嗎？她們站了一夜累不累？寒風令人覺得旁邊的鳳鳴電臺資本家般地巨大，麵攤又特別渺小，這對姊妹則像安徒生筆下賣火柴的小女孩。

那對姊妹的牛肉麵在我的記憶裡不斷散發動人的滋味，複雜得宛如汪曾祺筆下的「黃油烙餅」，帶著我回到遙遠的時空。我可能耽溺於這種儀式般的宵夜想像裡，才會對牛肉麵情有獨鍾。

牛肉麵美味與否取決於麵、牛肉、湯的組合，面對一碗面貌模糊的牛肉麵，就好像面對一個面目可憎的人，夏目漱石也說，「麵條缺乏韌性和人沒有腦筋，兩樣都叫我害怕」。

牛肉麵的作法是牛肉、麵分開煮熟再合而為一，殊途同歸，除了烹飪方便，也計較口感和外觀。麵條煮熟後置入碗中，撒上蔥花，加進牛肉和湯汁即可。重點是那一鍋牛肉湯。我吃牛肉麵以來，還是偏愛紅燒和乾拌，我作紅燒牛肉湯的辦法是：

1. 牛肉、牛骨先汆燙過，放入深鍋裡，加進適量蔥段、薑片、陳皮、酒、滷包、水（淹過牛肉）煮一小時。

2. 撈棄蔥、薑、陳皮，取出牛肉切塊。牛肉湯留置備用。

3. 蘿蔔切塊，另鍋煮熟備用。
4. 油鍋熱時，爆香薑、蒜、辣椒，加入辣豆瓣、牛肉塊翻炒，再淋上酒、醬油，和冰糖、花椒粉。
5. 加進蘿蔔、牛肉湯，以文火慢燉。蔥花切妥備用。

牛肉麵口感強勁濃厚，總是予我豪邁爽快之感，豪邁爽快是風格，滋味美好細緻卻也是任何食物的基本條件。金華街的「廖家」牛肉麵頗能表現豪邁中的細緻。我多次不自覺地走進廖家大啖，只覺得好吃，卻不明白其中原故，後來想通了——香，是那一碗麵裡的牛肉香。一碗牛肉麵如果缺乏香味，給我吃一整條牛也不情願。

廖家高明之處在於麵條並非口感較具嚼勁的刀削麵或家常麵，而是普通的陽春麵條；並且只賣清燉牛肉麵，麵上覆著燙空心菜或菠菜，老實講，他們切的牛肉塊形狀俗得有點滑稽，可那麵湯有一種誘人的肉香——不是藥膳之香，濃郁而不油膩，滲透到記憶裡，溢上精神的層次。廖家廁身金華街一排低矮而略顯雜亂的平房中，很不起眼的外表，飄散出牛肉香，成為金華街最動人的風景。

愛吃清燉牛肉麵，不能不試試回民的絕活。臺灣有不少「清真牛肉麵」館，經驗中，敢高懸這塊招牌，大抵有一定水平。清真牛肉麵之所以迷人，是麵湯清淡而滋味鮮美，正統作法是由牛骨湯、羊肝湯、雞湯對成，一鮮變三鮮。不知「清真牛肉麵」是否源自「金城牛肉麵」？金城乃蘭州舊名，蘭州市到處是金城牛肉麵館，超過兩百家，馳名天下，是蘭州飲食「四絕」之一。金城牛肉麵的始祖是清朝同治年間蘭州回民馬保子，年輕時挑擔賣涼麵為生，經過潛心研究湯頭，並改刀切麵為手拉麵，乃成為一代宗師。目前臺灣國定假日頗多可議之處，不妨刪掉一些乏味的政治人物紀念日，考據馬保子的誕辰為「牛肉麵節」。

## 2.

一碗高尚的牛肉麵簡直就像一種祈禱，不僅贊美我們凡人的舌頭，也彰顯廚師的認真、誠懇，和專業精神。一碗麵的表現除了煮麵者的手藝，也牽涉吃麵者的品味。懂得吃的人會指揮廚藝來配合食性，陸文夫的中篇小說《美食家》裡的朱自治好吃成精，每天清晨醒來閃現第一個念頭是「快到朱鴻興吃頭湯麵！」

所謂「頭湯麵」指當天第一碗下鍋的麵。蓋店家一天不管煮多少麵，還是那一鍋湯，煮到後來麵湯就糊了，麵就不那麼清爽、滑溜，甚至帶著一股麵湯氣，朱自治如果吃了一碗有麵湯氣的麵，整天都精神不振，所以吃的藝術「必須牢牢地把握住時空關係」。麵店的跑堂碰到這種饕餮之徒，在向廚房喊話前會稍許停頓，等待吩咐吃法，「硬麵、爛麵，寬湯、緊湯，重青（蒜葉）、免青，重油（多放點油）……」可見一碗麵光是吃法就眼花撩亂。

其實時空關係不是那麼簡單。吃牛肉麵既是生活的一部分，就不能忽略其美感經驗，美感經驗通常不是絕對的，毋寧是一種相對關係，例如用餐情境。

前幾天到慈濟醫學院演講，講完後和朋友們相約在美侖飯店聚會，聽盲歌手蕭煌奇唱歌。美侖飯店的牛肉麵一碗一百八十元，裡面放了大量的大蒜末和並無辣味的紅辣椒，牛肉塊很鹹，不知在醬油裡泡了多久？然則我甚至不覺得它難吃，因為它有愉悅的用餐情境。我指的用餐情境並非硬體設備，並非五星級飯店固有的舒適、寬敞桌椅，服務和音樂；那天深夜，重逢了幾個老友，也結識了幾個新友，朋友們的談笑聲、蕭煌奇和丘秀芷的歌聲，感染用餐情境，成就了那一碗牛肉麵的滋味。

任何美味都要和售價一起衡量，昂貴的料理，好吃是基本責任，不必太溢美；難吃則是店家不要臉，理應譴責。價廉物美的料理才值得我們歌頌，雖然貴的不見得比較可口。我不會把「來來飯店」的牛肉麵和八德路的「李家汕頭」牛肉麵一起評價，不會拿「凱悅飯店」的牛肉麵跟南機場公寓的「秀昌」餃子館的牛肉麵一起打分數，「牛爸爸」自然也不能跟「穆記」相提並論，他們統統站在不同的基準點上。一碗售價超過新臺幣三百元的牛肉麵，如果吃下肚不能升起一種幸福感，何必吃它？

一般美食家除了有閒、有品味、隨時保持飢餓狀態，最要緊的是有錢；愛吃牛肉麵則不必。「東南亞戲院」斜對面巷子裡有一家「一番」牛肉麵，紅燒牛肉麵每碗五十元，小菜每盤十元。這家店模仿速食餐廳的自助式作風——沒有服務員，自己取盤點餐端麵，吃完了自己收拾離去，節省下來的人工反映在售價上，這恐怕是臺北最便宜的牛肉麵，便宜卻相當可口，表現出店家的專業執著。這家牛肉麵距臺大很近，值得臺大人感到驕傲。「一番」總是播放震耳欲聾的熱門歌曲，令坐在裡面吃麵的人越吃越快，那高分貝的「音樂」在鬧區中彷彿是在招徠顧客的吆喝聲，彷彿也暗示某種活力和青春，裝飾了很不起眼的門面。

在諸多料理中，牛肉麵尤其不講究門面，它總是帶著那麼點非正式的況味。新生南路上的「廣東汕頭」沙茶牛肉麵外表寒傖，攤販般，幾張破舊的桌椅，隨便用一塊帆布搭起賣場，兩個老榮民特製的沙茶牛肉乾麵，再淋上泡醋辣椒末，那滋味恐怕召喚了不少臺大學生的鄉愁。我認得一個事業有成的臺大畢業生，每逢假日常會偕妻帶子，開車回來吃一碗沙茶牛肉麵。

有些館子門面很唬人，路過的人看見貼在櫥窗上的各種招牌菜式、宣傳標語，不免以為他們的廚藝了得。有一天中午我真的就走進寧波東街一家麵食館，面對繁複的菜單，小心請侍者推荐貴店的招牌菜。「每一種都很招牌！」她略顯不耐。

來不及逃了。憑我的嗅覺，這又是一家很不專業的店，我甚至來不及考慮如何減輕消化系統受虐程度，她已咄咄逼問，「你到底要吃什麼？」

「牛肉麵。」我慌張中作出一項保守的決定，是相信刀削麵有一定的口感，了不起我多放點辣椒掩蓋湯頭就是。

那碗清燉牛肉麵放了過量的豬油和味精，湯混濁得像滲了燙麵的開水，麵條中糾纏著煮爛了的小白菜，和剛剛灑進去的蔥花。那碗麵，果然充滿了麵湯氣，吃一口就萬念俱灰。

有一次和逯耀東教授吃飯時討論木柵一家餐廳，店東原來在深坑賣豆腐，聲譽日隆後移到木新路擴大營業，什麼都賣，什麼都貴；但除了原來的炸豆腐可口，什麼都不值得嚐，這餐廳被逯耀東批評為「丫鬟扮小姐」，丫鬟的身份，偏偏擺出小姐的身段。

丫鬟其實有自己的魅力，不需要虛張聲勢；何況丫鬟並非不能變小姐，通過一定的努力和機運，不難出人頭地。即便只是一碗牛肉麵，也要使出獅子搏象的精神，從煨燉、煮麵到服務態度，絲毫馬虎不得。我最後一次上桃源街的牛肉麵館，是侍者將牛肉麵丟在桌上時，手指才離開麵湯。

## 3.

牛肉麵吃多了，稍微失察，不免覺得大同小異，有時踟躕街頭，忽然升起一種孤獨感，喟歎覓一碗可口的牛肉麵竟如此難得，心灰意冷，頗有獨孤求敗的蒼涼感。坊間新近出版一本牛肉麵評鑑，我買了一本，按圖索麵，到處尋找還沒吃過的店，試驗了幾家，決定不如繼續流浪街頭，自己一家一家地碰運氣。

有一個雨夜，我帶著這本評鑑走進一家店，才吃第一口就覺得太甜、太鹹、太油膩，勉強吃到三分之一碗，覺得非常噁心，一直想嘔吐，胸中升起一股被侮辱的委屈。余吃牛肉麵，積二十餘年，味覺和腸胃都不曾如此這般被糟蹋。那碗牛筋麵不但完全沒有香味，任何可能會傷害食慾的味道大約都集中在一起了，那碗麵，我肯定即使一頭飢餓的野獸，也會拒絕吃它。連續好幾天，我都覺得精神萎靡，彷彿病著了，這種感覺依稀隱約，並不十分清楚，我一直在想那碗麵加諸於身心的，究竟是什麼傷害？後來明白了，是被強暴的痛楚。這是兩個月前的事，我真希望自己只是作了一場惡夢，並未真的吃過它。

口碑永遠比宣傳接近真實。一天早晨，我在臺北市版上讀到一則篇幅甚大的新聞，強力推荐泰順街一家牛肉麵館，我盼到中午營業，發現這家麵館的牛肉連新鮮都還談不上，唯一的美德是賣麵的妹妹長得相當甜美。我猜想這名記者公器私用有其苦衷，可能是他迷戀賣麵的妹妹，秀色可餐，又沒有別的手段可表示，只好用媒體宣傳奉承她，害得我老遠白跑一趟。

牛肉麵有強烈的地緣性格，召喚附近居民的食慾。頗有臺灣人會慕名飛到香港吃大閘蟹，卻鮮有人會千里趕去吃一碗牛肉麵。我每星期四去明目書社買書，習慣就近去吃一碗「廣東汕頭」沙茶牛肉麵或「興利小吃店」的清燙牛肉河粉，這兩家麵館連接了我的閱讀經驗。

中壢市的「新明」牛肉麵應該凝聚了不少中壢人的記憶和在地情感。起初，常聽三叔吹噓，好像一碗新明牛肉麵的滋味，猶勝過新屋的「信宏鵝肉」。有一次我專程尋址問路，在市場邊找到這家麵館，覺得只是比普通的牛肉麵略強，口味甚重，牛肉給得很大方，不知是否牛肉太鹹，使得肉香盡失；不過麵條燙得很高明，由於顧客多，為增加效率，麵條均預先燙好備用，難得的是久放仍彈性充足。

無論視覺或味覺，蔥花之於牛肉麵委實重要，杭州南路巷子裡的「老張擔擔麵」可惜不加蔥花，使得碗下加碟的體貼徒具形式。「新明」牛肉麵除了麵條好吃，每桌都備大碗蔥花供人自取，體貼嗜食蔥花的客人，這才是真正的體貼。雖然這樣的水平自然還不值得我專程從臺北開車去吃一碗，卻值得名列當地土產，如果我家住中壢，應該會常走進去。

念大學時，我最常去的餐館是「老高」牛肉麵，老高的刀削麵連接了許多華岡人的感情，特別是嚴寒的冬天，在風雨中走進店裡，那口大鼎鑊裡的牛肉湯似乎能立刻溫暖腸胃和心情，我記得當年和女朋友排隊聊天，等老高從大鼎裡舀出牛肉。多年不曾上山，那鼎鑊在我的記憶裡越來越香，似乎也越來越巨大，快要長得跟半個房間一樣大了。

## 4.

相對於其它食物，牛肉麵還帶點野性。而且吃一碗牛肉麵的時間很短，短到不需要高貴的裝潢，不需要背景音樂，不需要侍者多餘的服務，不需要柔和優雅的情調或氣氛；只需要乾淨、衛生、明亮即可，四周最好還帶著鼎沸的人聲，和唏哩呼嚕的吃麵聲，喝湯聲。不過，吃麵很需要一件圍兜兒。

我每次吃牛肉麵，很遺憾，總會弄髒上衣。麵總是滑溜滑溜的，不免要從兩隻筷子間滑落，濺起湯汁，尤其是白襯衫，油污清楚。那窘狀彷彿走在臺北的紅磚道上，冷不防會有污水從磚縫中濺上褲管。穿白襯衫是一種需要，吃麵也是一種需要，兩種需要應該取得和諧。細心的麵館老闆，應該多體貼客人，麵端上來之前，不妨先發一條圍兜兒防身。

一碗牛肉麵的屬性宛如一段旋律，我漸漸相信，天下美食都力求臻於音樂的境界，通過身體的味覺和消化系統，使精神達到幸福的狀態，一碗高尚的牛肉麵常有著欲言又止的表情，某些難忘的地點，某些晨昏，某些掌故，某個人。

多年前，我開車在花蓮到臺東的海岸公路上旅行，左邊是藍得令人驚慌的太平洋，右邊是忽然拔高的海岸山脈，和雲端的中央山脈群峰。接近臺東的路上，開始出現「臺灣牛黃牛肉麵」的廣告看板，提醒過路人進去歇歇腳。這家店窗明几淨，老闆在牆上懸掛著好幾張女兒的大學畢業照，放大裱框，我記得好像有三個女兒，都婷婷玉立，老闆一定很疼愛他的女兒，並為她們的優秀感到驕傲。我懷念那段旅行，在山海之間吃牛肉麵，那碗「臺灣牛」除了以壯麗秀美的山水作為吃麵情境，烘托客觀的香味，還摻進了親情的熱度，使那碗麵如一首美好的抒情歌，令食客感動。啊，真好吃。

——一九九九年

# 論炒飯

珊珊唸小學時，有一回在家裡開睡衣派對，邀了幾個同窗小女生來住，我感染了她們歡樂的情緒，無法閒著，剛好家裡有鳳梨，遂使用一整顆鳳梨作了原盅鳳梨炒飯——將鳳梨對切，剜起果肉，切丁；拌炒青豆、火腿丁、腰果、蝦仁等等食材。再將炒好的飯裝入略微烤過的鳳梨盅，撒上些許肉鬆。小朋友們忽然像餓狼，差點連鳳梨皮也吃掉。

## 1.

坊間不乏教人家怎麼炒飯的食譜，卻總是缺乏想像力，光是圖片，每一盤看起來多長得很像，油光閃閃，蛋花錯落在一坨一坨的米飯蔥花間，格格不入似地。

我對廚師們下重油炒飯頗為不屑，兩人份炒飯居然就倒入五大匙油，這叫那門子鬼炒飯？不過是把飯泡在油裡加熱罷了。我每次在外頭吃炒飯，吃不到半盤，即看到泡在油水裡的米飯，這種油泡飯僅能用來謀殺仇家，生命誠可貴，自己千萬別想不開。

炒飯有著克難的意思，我的朋友方杞當年購置新屋，咬緊牙根，決定吃十年蛋炒飯，氣魄動人。的確，飢餓時面對一碗盛得滿滿的蛋炒飯，就像貧農面對豐收的穀倉。

炒飯還帶著寂寞的性格，完整而自足，不需要佐以其它菜肴，一般餐會也不將它列入菜單。往往是這樣：想獨自、快速而簡單地解決一頓飯，又希望能吃出點意思，走進餐館就點了一客炒飯。遺憾坊間鮮有餐館能炒出好飯。炒飯本小利薄，餐廳多不用心計較，間接使它成為最家常的料理。

炒飯因配料、炒法之異而變化無窮，諸如韓式泡菜炒飯、日式湯泡炒飯、印度咖哩炒飯、越南香辣魚肉炒飯、西班牙海鮮炒飯、義式野米炒飯、新疆的葡萄乾炒飯等等。新疆的葡萄乾炒飯採煸炒方式，用熟羊肉、葡萄乾、青椒、胡蘿蔔、洋蔥炒製，甜鹹合奏，色澤艷麗；西班牙炒飯是先炒再煮，將長米炒過，再加入配料和高湯煮熟；印尼炒飯搭配沙爹、蝦片，和當地略帶膠質的甜醬油，飯上再擱一顆半熟的蛋；潮州人歡喜用烏橄欖來炒飯，烏橄欖即鹹水欖，取其化滯效用，乃潮州口味加上泰式炒法的觀念所發展而出……

我愛吃的包括臺味十足的櫻花蝦炒飯、粵式的鹹魚雞粒炒飯、南洋風的鳳梨炒飯。櫻花蝦只產於臺灣的東港和日本的駿河灣，來臺灣的遊客可知把握機會？

## 2.

許多食物之所以美味，端賴食材的鮮度，所謂九分材料一分功夫；炒飯則相當程度得靠技術。頗有些大餐廳能作出好菜，炒出來的飯卻不忍卒睹。謝青返臺，邀我在一家上海館子餐敍，確是名餐廳，湯包、炒河蝦仁都在水準之上；壞就壞在我突然想吃炒飯，於是加點了一客揚州炒飯。那盤炒飯連飯都沒炒勻，東一坨油黃，西一坨未沾到醬油的白飯，毛豆、香菇丁、香腸、蔥花扞格地攪在盤子裡，面對這樣的東西，忽覺剛才下肚的食物皆是欺瞞，四面八方洶湧起食客的嘈雜聲，感情受騙般，頓生感傷，胸中升起一種何必當初的懊惱。

我常在臺大附近吃炒飯，有時逛書店，會想快速解決一餐，輒在「鳳城」吃臘味炒飯，或「大聲公」吃粵式揚州炒飯。有一天從騎樓下經過，忽覺觸目驚心。原來「大聲公」已拉下鐵門，主人不知去向，牆上歪歪斜斜噴了許多漆，語氣憤懣且帶著咀咒，痛罵店家惡性倒閉，避債中國大陸，令他出面還債，否則不得好死云云。我小心繞過滿地垃圾和蛋殼，竟有一種懼怖之感。那些蛋殼自然不是蛋炒飯留下來的。

不知何時開始？我們臺灣人變得暴躁易怒，憤怒時習慣向對方丟擲雞蛋。罪過罪過。須知雞蛋是尤物，對付雞蛋的最佳手段是放進鍋裡，無論煎、煮、炒都很香，實不宜如此虛擲。我們的文化猶相當貧困，總是不太會將正確的東西擺在適當的位置。好比舌頭，是一種階級分明的器官，最高級的舌頭用來品味美食，和愛人接吻；次等的舌頭用來贊美上帝；最低賤是政客的舌頭，用來噴口水。

炒飯中最基本的配料是蛋，即使不再添加其它配料，蛋也能獨自擔綱，不辱使命。澳門機場貴賓室裡的食物少得幾近寒酸，卻有不俗的蛋炒飯，簡單，清爽，顆粒分明的白米飯上沾著均勻的蛋花，不油膩又飽含飯、蛋結合之香，我幾次過境澳門機場，總似聽見它在召喚，喚我趕緊進去填飽肚子，免受飛機餐荼毒。

我曾經走進一家知名的寧波館子，整面牆壁龍飛鳳舞著名人們的簽名式，想來大家都欣賞這館子的手段。我點了一客炒飯，奇怪那盤飯是用蛋先炒過再淋上膾料，分不清是炒還是膾？我望著眼前這盤怪異的飯，不知該動筷子還是湯匙？只知鹹得要命，連菜肉餛飩湯也是死鹹。

在臺北，「儂來」的烏魚子炒飯是我較認同的炒飯美學，它結合了松子、東港烏魚子、宜蘭蔥，飯粒分明，不油膩，香味驚人，帶著華麗感。

我走過的城市以香港的炒飯最靚，許多酒樓、茶餐廳都供應炒飯，五花八門，如尖沙咀金域假日酒店「龍苑」中餐廳的「南丫島蝦醬蝦仁炒飯」，鬆、爽、清、彈牙，嚐過即留下深刻的思念。此飯曾獲香港「美食之最大賞」炒飯組榮譽金獎，選用鹹度較溫和的南丫島蝦醬，再加酒和糖調味，另以蝦仁和蝦乾作配料，頗有三蝦同堂的意思。這類炒飯皆鼓猛火快炒，飯粒鬆爽彈牙，口味偏重，透露一種特殊的鑊氣。

## 3.

很多人談到廚藝時自嘲說：「我只會炒飯」。連蔣介石都曾下廚炒飯給宋美齡吃。高雄餐旅學院陳嘉謨教授的《炒飯72變》除了各式炒飯食譜，更有意思的是提供炒飯吃不完時的變化方式，諸如烤成三角飯糰，或煮為鹹粥、蒸竹筒飯、捲壽司、酥炸飯丸、起司焗飯。

炒飯易作難工，一個廚師的手段如何，視其炒飯便能分曉。市面上的炒飯多粗製濫造，吃不到好的炒飯，只好親自研發。幾年來，我對炒飯已略有心得，可提供同好參考，就以鹹魚雞粒炒飯為例。

炒飯像作詩，騙不了人的，看一眼、吃一口即知好歹。我們讀小說、散文之初，即使有點陳腔濫調，也不敢遽下論斷，總要讀到一半以上，才見優劣。詩作就不然，不會前面一兩行作得很糟，後面突然變成佳構。

一盤好的炒飯像一首意象準確的詩，有效召喚飢餓感。炒飯是基本功，一個能炒出好飯的廚師，等於具備深厚的內力，有什麼功夫他學不精湛？

首先，炒飯不意味著剩飯再利用。我們用隔夜飯來炒，卻往往被誤會成昨天沒吃完的剩飯，這是畫虎不成反類犬，未把握炒飯的精神面貌。將煮好的飯送進冰箱冷藏，目的是再蒸發水氣，使飯粒更乾燥、結實；此外是溫度差所催化的彈牙口感，蓋寒冷的飯粒邂逅極熱的鍋，會產生雀躍的激情，一粒粒在鍋裡跳著舞，使炒的過程即充滿視覺美感。

一盤高明的炒飯絕不能馬虎將就，從米的選擇、淘洗即需講究。蓬萊米黏、軟的質地不合適炒飯，最好選用在來米，取其黏性小、顆粒分明；其次如印度、泰國的長米也行。若一時只有蓬萊米可用，也不必沮喪，唯煮飯時先降低米和水的比例為0.9：1，煮熟後只取上層的飯來炒。

在來米須迅速淘洗，迅速倒棄洗米水，避免米糠味滲入米內。淘洗清潔後，瀝乾，再送入冰箱，充分揮除水份，這樣才能精準控制米飯的軟硬度；蓋炒飯成功的關鍵在於使用的飯，而煮飯成功的關鍵即在水份的把握。

煮飯體現剛柔相濟之道。飯煮熟了，先以飯杓輕輕翻拌，使米飯散發多餘的蒸氣，並令其自然冷卻。

炒飯通常會加蛋——先將蛋略炒再加進飯裡，帶著同床異夢的況味；這是笨方法。我的策略和梁實秋一樣：先將蛋打勻傾入飯裡，務使每一粒米充分吸收蛋液，這樣炒出來的飯看不到蛋，卻飽含蛋香，耐於咀嚼。

浸泡蛋液的飯須冷藏，以維持鮮度。至於炒料，口味因人而殊，我個人偏愛的鹹魚為澳門「棠記」的馬友魚，和馬來西亞的油浸梅香馬鮫魚。這是日常消耗品，每次我去澳門和馬來西亞，總刻意多補充一些貨返臺。馬友魚的鹹味表現為一種腐香，剛蒸的時候，滿室揮之不去的臭氣，經過去骨、油泡，下鍋之後卻瞬間化腐朽為神奇，異香誘人饞涎，像一則鼓舞人心的勵志故事。不僅炒飯，這種鹹魚像極了睿智的幕僚，能力超強卻從不功高震主，從不強出頭，安安分分扮演著最佳配角，搭配什麼就香什麼——炒青菜，使青菜雍容華貴；蒸鮮魚，使鮮味充滿了戲劇性張力；若用來煨肉，會使一塊平庸的肉，有了不俗的氣質……

炒飯很簡單，較繁瑣的程序是前置作業。預先將所有食材切得如米粒般大小，此處刀工講究的是秩序，如傳統詩之要求格律，食材須切割得整齊畫一，這不僅影響觀瞻，更要緊的是令其受熱程度相同，口感和諧。

炒飯前先爆香辛香料備用。雞肉最好選用上腿嫩肉，切粒，過油泡熱後，將鹹魚切碎拌炒，飯即可下鑊。飯下鍋前須攤開推散，以免炒糊。

優秀的炒飯不能看見油水。油水是累贅的修飾，像疊床架屋的形容詞和副詞，徒然干擾意象，破壞效果。炒飯只有在剛開始爆香辛料時需要用一點油，之後完全不必加油，翻炒米飯時若覺得鍋內太乾，則在鍋沿灑一點點水、酒即可。飯快炒好時視個人口味加入辛香料，稍微拌炒即搞定。

炒，是中華料理獨特的技藝，基本精神是以大火、熱油迅速翻鍋拌炒到食物飽滿光潤、清鮮軟嫩的效果。這種手段乃從煎發展出來，後魏・賈思勰《齊民要術》載「鴨煎法」一就是將肥嫩鴨肉細剉，加蔥白、豆豉，炒到極熟，加辣椒薑末吃。宋代以降，炒法已是烹飪中廣泛運用的技巧，《東京夢華錄》、《夢粱錄》、《吳氏中饋錄》都頗有記述。

炒法大抵可分為生炒、熟炒、清炒、滑炒、煸炒、軟炒、湯炒、水炒、小炒、抓炒、焦炒。我研發的炒飯勉強可歸屬熟炒和軟炒兩路的綜合，又不完全像，因我並不勾芡，未糊瀣原料。熟炒是將熟製品經刀工處理，以少油炒成，此法能進一步排出原料內的水分，進而吸收調味料，所以口味濃郁；而軟炒的原料須加工成細粒或茸狀，瀣液後再炒。

如果實在猴急，等不及用冷飯炒製，得使用剛煮好的飯時，則避免使用平底鍋，須用深鍋，以大火滑炒、翻炒。

# 4.

如果不是那次吃到冷掉的咖哩豬排飯，我還算常吃「美觀園」的蛋包飯。那天中午，添茶水的服務員誤將茶倒進炸天婦羅而沒有任何歉意，我已經很不爽了，端上來的豬排飯所澆淋的咖哩竟是冷的。這家老店是徹底本土化的日本料理店，餐館已經擴大，立起兩棟對望的樓房了，猶帶著濃濃的臺灣路邊攤氛圍，生猛有力，其蛋包飯裡除了大量的蕃茄醬，還有幾條醬黃瓜。來到門口，服務員以口齒不清的日語大聲喊「歡迎光臨」，喔，原來是日本料理店。

蛋包飯的蛋一定要煎得柔軟，吹彈得破的程度，才算高明。日本人擅長製作蛋包飯，伊丹十三的電影作品《蒲公英》最令我垂涎的，除了拉麵，就是那盤蛋包飯了。丐幫高廚為了滿足那小孩對蛋包飯的渴望，偷溜進大飯店的廚房裡：那場戲像色彩的魔術，流暢的運鏡描述熟練的技藝，逗趣的動作和配樂，均勻沾著蕃茄汁的飽滿飯粒，冒著熱煙；丐幫高廚在平底鍋內搖煎蛋液，迅速將半熟的金黃蛋皮，披風般披上橘紅的炒飯上，蛋皮崩裂，蛋液流瀉而下，香味躍動在我的想像中。

我難忘這部電影裡的另一個場景：中年男子趕回家，在年幼的兒女面前，拚命搖醒彌留中的妻子，焦急中充滿了不捨，遂大聲咆哮妻子起來炒飯，全家人都還未吃晚餐哩，你怎麼可以睡著？你怎麼可以閉起眼睛？責任感終於逼他的病妻站起來，在全家人驚詫的眼光中，蹣跚走進廚房，拼盡全力作出生命最後的蛋炒飯。她的丈夫兒女含淚咀嚼，認真品嚐媽媽的味道。

炒飯，像一首流浪者之歌，總是帶著孤獨的況味。一個人吃飯，不會點一桌菜肴，最簡單便捷的莫如炒一盤飯。中央大學門口有一座高爾夫球練習場，我回家前有時先去揮揮桿，肚子餓了，球場對面就是「新陶芳」，這餐館的蝦仁蛋炒飯無疑是我最常吃的炒飯，我吃飯時，常低頭尋思剛才擊球的問題。

其實我一直酷愛激烈運動。剛開始，我有點逼迫自己選擇這項相當不耗體力的運動，是希望在可怕的忙碌中能暫時喘息，讓快速節奏的生活透透氣，散散步。我在擊球時往往下意識想令球飛得遠，遂不自覺握緊了球桿，揮桿時反而缺乏力道。有人說過：「握緊拳頭時，好像抓住了許多東西，其實連空氣都沒抓到」。我的生活為什麼那麼久沒有了詩？這幾年，大概太急切想抓住某些事物了，難怪總覺得不實在，也不快樂。

學校的鐘聲又響了。這家餐館的蝦仁蛋炒飯味道很一般，卻陪伴我的教學生活，和擊球光陰。

——二〇〇九年

# 論海南雞飯

多年前我到香港中文大學開會，一時愛上旅館裡的海南雞飯，大肆張揚，與會的朋友認為我少見多怪，說新加坡半島酒店的海南雞飯才真的好吃。從此我立志去新加坡。

機會來了。一九九九年我初次參加新加坡兩年一次的「國際作家節」，足足可以在當地吃八天。我將行李放進下榻的Rendezvous酒店就迫不及待出門去找海南雞飯，酒店對面剛好有家Kopitiam熟食中心，Kopitiam是福建話「咖啡店」的意思，卻不同於我們習慣的咖啡廳，較似小吃街。我迅速點了一客海南雞飯，才吃了兩口就悲從心生。白來新加坡了。我到底做錯了什麼事？飛行那麼遠，竟吃到如此庸俗的雞飯。

新加坡的朋友關切我言談之間殊少笑貌，乃指點迷津，說他們心目中最高明的海南雞飯不在半島酒店，在文華酒店。我聞言即出門尋找，不果。第二天我沿著烏節路繼續尋找，直到下午，還沒找到文華酒店，腳痠了，肚子也餓了，猶固執著不肯隨便亂吃。我踅進紀伊國屋閒逛，買了兩本波蘭詩人的詩集，下樓，意外發現文華酒店赫然就在隔壁。

海南雞飯終於呈現在我掩不住興奮的眼前，我一眼就愛上了它：一盤雞肉，三碟蘸醬，一碗青菜豆腐湯，一碗飯。我凝視著它，彷彿乍見暗戀已久的人，忽然得到青睞，略顯慌張和笨拙，這麼多年了，我實在沒有勇氣再承受失望的打擊。

情怯地，我先舀了一口湯送進嘴裡，清淡，溫柔。好悠長啊，平凡的青菜豆腐湯散發出高雅的品質，淺嘗一口即能斷定，那是出自一流高手的技術。

我再吃一口飯，軟硬適度，鬆，香，富彈性，微量的雞油滲透進每一粒米飯裡，每一粒都清楚，晶亮而不黏膩，光看外表即知上品，冒著蒜味的雞油飯，咀嚼間流轉著芳香，即使沒有任何佐菜，我也能一口氣幹掉三海碗。一陣感動襲上心頭，啊，我寧可肥死，也要拚命多吃一碗。

第一口雞肉我刻意不蘸任何佐醬，純粹的雞肉，去骨走脂，純粹的滋味。肌理是普通的飼料雞，不是一般人歡喜標榜的「走地雞」、「放山雞」，雞肉盤中附有高麗菜、黃瓜、香菜，上面灑有香油。

那雞肉柔嫩、芳香，連雞皮都顯得美麗清純，即使高脂血患者，也不輕易放過一塊肥油，特殊的飯香配合肉香，產生一種優美的旋律，它的鮮嫩，最好能依靠蘸醬來伴奏。三種沾醬都特別調製過，尤以加入酸柑的辣椒醬深獲我心，我先蘸薑汁嚼食，彷彿出現音樂的第一主題；第二塊改蘸醬油膏，乃第二主題；第三口蘸辣椒醬，第三主題出現。再喝一口湯，繼續吃肉，這時候，改變蘸醬順序，形成各種主題的變奏。

美好的時光總是特別短暫，我猶豫停箸，忽然捨不得吃太快，乃取出剛才買的Wisława Szymborska 最新出版的詩集展讀，覺得字裡行間閃耀著亮光，「這可怕的世界／並非沒有誘人的地方，／並非沒有黎明，／並非沒有為他醒來的事物」。是啊，值得我們醒來的雞飯，是一種好詩的想像力，和韻律感。

這個世界並非沒有值得我們依戀的事物。一樣是白斬雞，有的意象分明，一入口就像聆賞曼妙的音樂；有的咬起來像咬皮包。一樣是米飯，有的咀嚼間會升起飢餓的快樂感；有的面貌糢糊，嚐一口就沮喪得想輕生。一樣是豆腐湯，有的喝起來心生感激；也有人可以把它煮成像洗鍋水。一樣是辣椒醬，富想像力的廚師會使用新鮮的朝天椒、酸柑和些許蜂蜜調味；也有人只會買劣等罐裝品，裡面只吃得出防腐劑和鹽……美味的生成就像情感，要緊的是一種真誠對待的態度吧，不虛矯，不欺騙，不浮誇。

我望著窗外烏節路上來往的行人和車輛，繁複的市招和各種名牌精品，隔壁就是剛才買書的大書店，我感動地流下眼淚，幸福得好像躺在上帝的懷抱裡，竟有福氣吃到這麼美味的雞飯，我有一股衝動，想跑進廚房向廚師鞠躬致謝，致敬。

除了文華酒店「話匣子咖啡屋」（Chatterbox Coffeehouse），新加坡還有不少美味的海南雞飯，像萊佛士酒店附近的「津津餐室」，像海南二街那幾家店，都頗為價廉物美。這國家太規矩了，有時不免顯得乏味；雖然乏味，有了這麼多海南雞飯，忽然使這個國家顯得多味。

二〇〇三年，我二度參與國際作家節，陳家毅在「五星海南雞飯」外帶了海南雞飯，邀我和潘正鐳去陳瑞獻的畫室把酒話文藝。陳瑞獻先開了一瓶97年的BÂTARD-MONTRACHET，這瓶白葡萄酒色澤金黃，極美。酒體細緻，果香飽滿而深刻。一陣山風忽然吹來。

開始喝BÂTARD-MONTRACHET時，陳瑞獻接到黃兆源電話，說他剛下飛機，才從香港鏞記帶回一隻燒鵝，陳瑞獻叫他趕緊過來。接著又開了一瓶90年的PHÉLAN SÉGUR SAINT-ESTÈPHE，大家邊啖燒鵝邊品飲這瓶紅葡萄酒，又濃又醇的佳釀，個性分明，結構紮實。

海南雞就是白斬雞，美學手段須講究肉質的鮮嫩，熟度要準確掌握。特色是那飯，得用蒸煮雞肉的高湯烹製。去年公館開了一家星馬料理「魚尾獅」分店，叻沙醬（Laksa）所煮的麵非常美味，口感類似馬來西亞所吃的蝦麵，道地的南洋風味。店家正在促銷雞飯，一碗香噴噴的雞飯只要一元，我吃完一大碗叻沙麵已經飽了，卻忍不住又幹掉兩碗雞飯，好吃好吃好吃，香鬆可口，每一粒米飯都蘊蓄著濃郁的黃薑和雞汁味，確是我在臺北吃過最道地的海南雞飯。白斬雞亦佳，據說採用鹿野土雞所烹，肉質鮮嫩美妙又飽富彈性，蘸醬也是正宗的南洋風。可惜，我才感謝老天，它竟歇業了。

後來見識漸長，發現這個世界並非沒有其它好吃的海南雞飯，諸如吉隆坡「南香飯店」、馬六甲「中華茶室」，都令人終生懷念。馬六甲素以雞飯粒聞名於世，全世界好像只有這座城市的雞飯是把飯粒揉搓成魚丸狀，一口一個，吃起來方便又有趣。

十年來，我吃海南雞飯勉強算經驗豐富，若論心目中的排名，「中華茶室」的地位允稱全球第一。這是一家物美價廉的小店，濱馬六甲河，雞場街OCBC銀行斜對面。用餐環境相當簡陋，卻擁擠得像趕集，假日需耐心排隊，大家比肩搶食，彷彿旺盛著生命的胃口和力氣。

「中華茶室」八十幾年前還是咖啡店，賣雞飯迄今也已歷三十幾寒暑了。三十幾年來只賣白斬雞、雞飯粒，客人進門只要找位子坐下來，不必點菜，服務員很快就端來雞飯。老闆林道通先生切雞的手好像不曾停歇。

馬六甲賣雞飯的店很多，飯粒總是較鬆較乾；可能中華茶室的飯粒是人手捏製，韌度準確，亦顯得較黏較濕，他們的飯粒乃是用煮雞的湯所烹煮，香味雋永。蘸雞肉的辣醬想必是用朝天椒、酸柑、薑汁調製，十分可口。來這裡吃雞飯我建議點一杯店家特調的薏米水。

那白斬雞一隻才24RM，肉質滑嫩而鮮美，我習慣蘸辣醬吃，再一口一粒雞飯，稍覺口渴就喝薏米水，胃腸裡有這種美食，再陰鷙的傢伙也會堆滿了燦爛的笑容。

我對海南雞飯的思念日益嚴重，《飲食》雜誌遂策畫了「馬六甲：娘惹菜的原鄉」專輯，邀李昂、陳宛茜、廖炳惠、劉克襄同去採訪。連續兩天的破曉時分，我都陪攝影師劉慶隆在荷蘭街拍照。天色漸光，群鳥亂叫，車馬之喧逐漸頻繁，鳥聲卻比任何車聲喧嘩。我頻頻催促阿隆動作快一點，拜託你再快一點，因為「中華茶室」就快開門營業了，我只要想到他們家的海南雞飯就餓得發慌。

從吉隆坡到馬六甲大概三小時車程，為了吃一盤中華茶室的雞飯，我願意來回搭六小時車。

——二〇〇八年

# 論吃飯

# 1.

一九九〇年冬天，我在登湘西天子山途中，遭遇了一場大風雪，可能風雪實在太大了，使天色提早暗了下來，使陡峭的山路更迷茫。其他登山客已杳無蹤影，飢餓感加深我的疲憊，不知還要走多久才能走到投宿的客棧？

天色全黑了，山上的客棧門口，坐著一位約莫十二歲的女孩，正捧著一臉盆飯在吃，白米飯上並無菜肴，只澆了一些炒得黑褐的辣椒，蒸氣升騰在風雪茫茫的山裡，津津有味地召喚我的飢腸。我多麼想問她，偌大的臉盆你吃得完嗎？你果真吃得完？我爬山又累又餓，渴望和小女孩分享她抱著的那半個臉盆的辣椒飯。

那盆辣椒拌飯如夢似幻，多年來一直縈繞在腦海。我是個大飯桶，飯量大，飯欲旺盛，每天從早餐開始就渴望吃飯，我明白這一張肚皮是為吃飯而存在的。這一張肚皮，也是貪吃的報應。

我們見面時的問候語：「吃飽未？」、「吃飯了沒？」可見華人的飲食文化，一直將

「飯」等同於「餐」，早飯、中飯、晚飯的意思是早餐、中餐、晚餐。

中國的飲食結構中，米飯，可能佔了最顯著的座標，歷史上每次稻米欠收，常釀成暴亂。河姆渡遺址出土的大批穀物、骨耜、炊具和陶釜，證明了七千年前先民已栽植稻穀，並且以稻穀為主食。《論語．鄉黨》：「肉雖多，不使勝食氣」，強調飲食以五穀為主。袁枚也說：「粥、飯本也，餘菜末也」，這種主食的觀念從先秦至今，深植在民族的意識中。

稻米不僅是臺灣人的主食，也是溝通神鬼的媒介，可見這種好東西，人神俱愛。雲林縣褒忠鄉的「吃飯擔」是祈求平安的飯，由各村莊輪流主辦，「吃空空，才會好年冬」。十八世紀臺灣人生病，常會請巫師以「米卦」診疾祛病，地方志略多有記載米卦的巫俗：病患沒胃口時，先令其飲甜粉湯，病情稍為好轉則用一盞米泡九盞水煮食，稱為「九龍糜」，或吃雛雞。如果沒有起色，就請紅頭師進行米卦：攜一撮米去占病情，貼符行法，祈禱神鬼，鼓角喧天。紅頭師非僧非道，都以紅布包頭，故名。

## 2.

米食比麵食具飽足感，飢餓時特別想吃米食，狼吞虎嚥中帶著一種珍惜的意思。阿城的〈棋王〉描寫棋王吃便當，由於太餓吃得太快，喉節收縮，臉上綳滿了青筋，又常常突然停下來，謹慎撿食嘴邊、下巴上的飯粒；若飯粒不慎落地，他立刻定住雙腳，轉身尋找。早年讀這篇小說，頗為嘆服那深刻的飢餓描寫。

有一回我在漢神百貨地下餐廳吃韓國烤肉，老闆問我主食要吃麵還是冬粉？我說想吃飯。

「沒有飯！」她面無表情。

我非常訝異，沒有飯？甚至不必解釋，竟也無歉疚的意思，吃韓國烤肉配麵條或冬粉？我一定瞎了眼才走進那家店。

米飯之於華人，猶如pasta之於義大利人、麵包之於法國人。我們判斷餐館的優劣，僅從米飯和麵包，即可略知端倪。我堅信不能煮出一鍋靚飯的餐館絕非好餐館；然則大多數的餐館已經忽視煮飯了。開口跟服務員討飯吃，有點像擲骰子，幸運時會碰到差堪入口的；運氣背的話，會遭遇已然面貌模糊的飯粒，非但不忍多看一眼，也無心再吃菜肴。

有天中午帶妻女去一家知名的日本料理店，我看到那碗白飯，即升起不祥的預感，吃了一口，果然飯粒黏糊糊的，有些則顯得乾冷，不僅飯煮壞了，顯然還摻了隔夜飯。對待飯的態度如此惡劣，能作出好菜嗎？接著端來的一盤燒肉，洋蔥醬汁旁邊緊鄰著罐頭玉米粒、碗豆苗、苜蓿芽，千島醬竟淋在洋蔥醬汁上，看起來像巫婆的鼻涕。

已經好幾年了，我真希望有一天終於能將那家店的記憶永遠抹除，當它只是一場噩夢。

未必大家都歡喜吃飯，有人只吃馬鈴薯泥，無法忍受米飯裡面沒有油、鹽和奶油。日本小說家山本周五郎（1903-1967）嗜肉，卻非常厭惡米飯，竟說「剛洗完澡神清氣爽的身體裡，要是裝滿米飯還一邊打嗝，根本無法發揮我的創作精神」，他甚至主張：「應該儘可能將稻田趕出這個國家」。這個肥仔大概相信米飯令他變笨變衰弱，真是匪夷所思。

## 3.

然則日本人可能最擅長植稻、煮飯，他們長期研究種植和烹煮，認真計較稻米的產地、品種、收割、曬穀、水質，將它從食物層次提升到審美層次，飽含著文化的意涵。

二〇〇一年秋天，我參與一項現代詩翻譯計畫，在日本秋吉臺國際藝術村住了四天，準時上下班般，每天早晨開始工作，晚上才得休息。那裡臨近國家公園，環境十分優美，可惜一時無暇遊走觀賞，每天辛勤工作，最值得等待的事就是吃飯。無論中午或晚上，那鍋飯總是蓬鬆、清新，樸實而單純地表現米飯之美，長久以來，我想念那鍋白米飯遠甚於秋吉臺的風景。

煮一鍋好飯的先決條件自然是選擇好米，臺灣最知名的當屬池上米，池上米即是池上鄉所產的米，池上鄉位於中央山脈、海岸山脈間新武呂溪的河谷沖積平原，土壤、氣候、水質都適合培植良質米，日治時期曾是進貢日本天皇的御用米。池上米在比賽中迭獲冠軍後，價格飆漲，跟茶葉比賽的冠軍茶一樣。

再好的米也不要囤積，蓋新碾的米最美味，我每次買米都不嫌麻煩，只買一包。大量噴灑過農藥的稻米存放得再久也不會長蟲，優質有機米則難免蟲害，辦法是放一球未脫膜的蒜頭或幾條紅辣椒在密封的米桶、罐裡，有驅蟲效果。

平常，我歡喜在仁愛路「忠南飯館」吃客飯，兩大鍋不同的白米飯無限量供應，厚重的老外省口味，非常下飯，我通常會先吃一大碗在來米飯，細嚼慢嚥；再吃蓬萊米飯，狼吞虎嚥。

在來米即秈米，從前臺灣只有秈稻品種，日治時期，日本人稱本地米為「在來米」，意思是在地栽種的米。不過他們還是歡喜吃軟黏的粳米，遂引日本粳米進臺灣，栽培成功後取名為「蓬萊米」，意謂來自蓬萊仙島的米。可見在來米、蓬萊米都是日治時期的名字，不如秈米、粳米來得準確。粳米依精白程度可區分為糙米、胚芽米、白米。

市面上米的種類越來越多，米粒依長度可粗分為短、長兩種，短粒米分布甚廣，長粒米以印度、泰國、緬甸、柬埔寨為主。依顏色分，有白、紅、深紫、黑。隨著健康意識抬頭，有機米、合鴨米的廠牌也日益增多，並且更講究生產履歷，和米粒的飽滿、透明度、彈勁。

「合鴨米」又稱「鴨間米」，乃鴨、稻共棲共榮的有機米，這是臺灣農民的創意：放鴨入稻田間，讓鴨子啄食田裡的害蟲如福壽螺、負泥蟲等，鴨子的排泄物又成為稻株的肥料。據說這種稻株的細胞壁較厚，根部發育完整，較能吸收土壤裡的礦物質。

長米有點像騎牆派，蒸煮後不具黏性，顆粒各自獨立，善變，不強調自我，適合用來製作各式菜飯或炒飯。香米則個性拘泥，堅持主體性，烹煮時會散發芳香，不宜添加咖哩、薑、椰汁、蕃茄、蔬菜等等外物。糯米通常用蒸的，是製作米糕、粽子、甜點的好材料。

糯米有非常頑固的黏性，從前常用來建造橋樑、房屋，苗栗的龍騰斷橋俗稱「糯米橋」，這座磚造拱橋建於日治時期，採荷蘭式砌磚工法，以糯米黏接磚塊，是臺灣鐵道舊山線海拔最高、跨距最大的橋樑，精緻如藝術品，極壯觀極美。橋的結構雖則嚴密堅固，可惜位於大斷層帶上，重創於一九三五年關刀山和九二一兩次大地震，如今只剩下拱型橋柱供人憑弔。我每次去三義吃客家菜，總會被那座斷橋吸過去，仰望它平靜矗立於荒草野嶺，在放肆的鳥鳴中，帶著歲月風霜的形容。

## 4.

米飯總是帶著一種樸素的美感，自足而清純。飯本身如果優秀，不必佐任何菜肴，即滋味無窮，漢・枚乘：「楚苗之食，安胡之飯，摶之不解，一啜而散」，可見以好米煮出好飯是了不起的美味。

袁枚也說，飯乃「百味之本」，「飯之甘，在百味之上，知味者，遇好飯不必用菜」。他公布要把飯煮得顆粒分明，入口軟糯的四項秘訣：一、米好；二、善淘；三、用火要先武後文，悶起得宜；四、放水要燥濕得宜。

寺沢大介的漫畫《將太的壽司》敍述煮飯的知識頗為高明，這部漫畫不管情節鋪排、角色刻畫，性質上屬於通俗劇（melodrama）的典型手法。通俗劇最明顯的特色是遵守獎善罰惡的道德正義（moral justice），劇中是一個善惡分明的世界，善良者無論如何飽嘗苦難，最後一定得到善報；邪惡者即使如何小人得志，最後必定自食惡果。從這種邏輯出發，人物、情節便需訴諸煽情，讓讀者為主角的落難嘆息、憐憫，並對欺壓善良的強權產生憤怒。男女主角、惡棍、諧角等等這些標準角色（stock characters）組成了這部流行漫畫的基本人物。將太這個勤懇認真的少年，幾乎以全部的生命力在捏製壽司，每一次都憑不懈怠的努力彌補了材料的缺陷，他所投注的時間、精力，是最令我服膺的日本文化。

飯冷卻後，加糖、鹽和醋攪拌，即成壽司飯，壽司飯因覆蓋、包裹材料的不同又變化多端，非常華麗。從前我不敢吃壽司，看米飯在師傅手裡捏來捏去，可能還隨手撥順滑落的頭髮，抓抓身體的癢處，再拿一片魚肉放在醋飯上，想起來就覺得噁心。讀這部漫畫後，竟著了魔般想吃壽司。壽司這種日本庶民食物，一定要用煮得非常好的飯，以非常新鮮的海產當場捏握而成，因此師傅必須有非常潔淨的衛生習慣。

池波正太郎在《食桌情景》中說：「壽司店的師傅應該堅持要理俐落的小平頭、時時都保持整潔乾淨、鬍子也得刮得乾乾淨淨、握壽司的雙手指甲也要乾淨到讓人家覺得用舔的也沒關係的地步」。他歡喜光顧的小店，老闆捏握壽司時，眼睛炯炯有神，面露精光，予人一種神聖的感覺。

煮飯成功的關鍵在於水量的控制，包括煮飯時的氣溫、濕度，都影響些微的水量差，是調節水和火候的參考。為了精準控制水分，我洗好米例先濾乾。如果沒有電鍋，煮飯顯得有點麻煩——首先需準確拿捏水量，一般米和水的比例約1：1.5，蒸飯的米水比例則約1：1.2，糙米、紅米需要更多水。傳統方式是手掌按在米上，以水剛好可以蓋過指關節為準；或倒豎拇指貼著米，水量抵第一關節處。已經兑好水的米在爐上煮，鍋蓋只闔四分之三，煮沸時，轉為文火續煮十五分鐘，直到鍋內水分已乾，闔緊鍋蓋，熄火，燜十分鐘。

若煮港式煲飯，則米水比例約3：5，還得視米之新舊、長短，用細砂鍋，鼓猛火燒到米脹水乾，才放下臘腸臘肉，改文火細燒，直到臘味的油脂消溶，煲底的吱吱聲傳響飯的焦香。

煮飯要煮到鬆軟適口，「米伸不開腰」算是基本動作，淮揚人煮飯講究「水始冷，武火滾，乾湯以後文火燜。水要準，湯莫損，文火以前米翻身」，意思是在烹煮前水量必須準確控制，煮的過程不可再增減變化，大火燒開，小火燜飯，並在乾湯前稍稍翻一下米，以使受熱均勻。

最要緊的基本動作是煮的過程不能任意增減水量，李漁以煎藥為喻，解答不善廚事者煮飯熬粥常徒具美形，卻無美味，關鍵在於：

粥水忌增，飯水忌減。米用幾何，則水用幾何，宜有一定之度數；如醫人用藥，水一鍾、或鍾半，煎至七分、或八分，皆有定數。若以意為增減，則非藥味不出，即藥性不存，而服之無效矣。不善執爨者，用水不均，煮粥常患其少，煮飯常苦其多；多則逼而去之，少則增而入之。不知米之精液，全在於水，逼去飯湯者，非去飯湯，去飯之精液也。精液去則飯為渣滓，食之尚有味乎？

煮飯煮到一半，覺得水好像放得太多，遂舀了一些出來，會使鍋內的飯滋味盡失。感謝電鍋的發明，我們只要壓下按鍵即可搞定，完全不必再掀鍋蓋觀察。不過煮飯前須先瞭解米的特性，才能誘引出米本身的滋味。

米的天性既純真又深情，跟什麼水結合，加熱，就變成什麼飯。煮飯的過程因此富於變化，若採用雞汁煮飯，即煮出雞飯；加入薑汁烹，則煮出薑飯；加入檸檬汁，就是檸檬飯；加入椰漿，自然呈現椰漿飯；加入墨魚汁，鍋子裡將變出烏亮的墨魚飯……《清稗類鈔》：「炊米為飯時，欲其潔白，可入檸檬汁少許於水中，且鬆散」。

淘米切忌粗魯，需以渦旋方式溫柔淘洗，不必洗到完全清淨潔白，否則養分有流失之虞；也不可使勁搓揉米粒，以免斷裂、破碎了米的原形。去除米粒中的髒物後，淘洗、倒水的速度要快，因為溶出的米糠粉很容易被米吸收，令煮出來的飯殘留著米糠味；雖則講究敏捷，卻不可有絲毫粗暴，重複換幾次水，直到水顯得有點清澈。

## 5.

烹煮菜飯得掌握內外兼修之道，煮前須將米浸泡半小時以上，先滋潤米心，煮出來的飯粒才會內外軟硬一致，特別是鍋裡加了大量的菜時，未浸泡過的米煮出來常常半生不熟。浸泡生米的時間依種類而異，一般粳米、小米、壽司米泡半小時足矣，糙米需一倍時間，五穀米、雜穀米和薏仁、玉米、扁豆之屬需二小時，糯米則需三小時。

我常煮的菜飯包括麻油雞飯、臘味煲飯、干貝海鮮菜飯，和紫蘇梅飯、南瓜飯等等，每一次煮都用不同的主菜、配料組合，其中的變化，帶著創作的樂趣。我暗忖，女兒出國留學前，若習得此藝，就能以一只電鍋走天涯。

我煮麻油雞飯，是先煮一鍋雞酒，再用那鍋雞酒來煮飯，成品的魅力難擋，吃過的親友總是要求將剩下的飯裝便當回家。我有時也被自己煮的麻油雞飯感動莫名，我心所愛戴，我靈所仰慕，它總是喚起我的米飯激情。

在臺北，我偏愛「隆記」的上海菜飯，如果單獨吃飯，我輒點食「排骨菜飯」，再加一盤清炒蝦仁或蠶豆、蔥燒鯽魚；那菜飯煮得偏向軟爛，飯香、菜香、油香融合得十分快樂，一種老上海弄堂的滋味。

每次去澳門，我必吃「九如坊」的焗鴨飯，九如坊最閃亮的招牌是行政總廚盧子成，他歷任七位澳門總督的御廚長達二十五年，也是首位華籍御用主廚，其廚藝乃中西並治的典型。此飯他每天只作二十五份，盧師傅教我以鴨骨所熬的高湯浸米二十分鐘，再一層米一層鴨油烤四十五分鐘。鴨肉則先烤過再去骨，和葡國香腸一起鋪在飯上面，米飯飽吸了鴨汁和肉香。我每次點這飯，同桌的朋友無論已吃得多飽，都會央求再吃一大碗。

回想從前農家用柴火鐵鑊煮飯，鍋底不免飯焦，常將此焦飯置於竹筲上曬乾，作完農事回家，用熱茶泡軟，撒一點粗鹽，乃尋常解飢良食。現在的鍋巴有更多妙用，如鍋巴蝦仁。

有一次去評審臺灣米料理，很驚艷開平餐飲學校孩子們的創意。原來米飯不僅是主食，也可以製成點心、沙拉、冰淇淋、慕斯，再以器皿選擇、擺飾呈現，頗有頂級精緻料理的架勢。

吃飯很像家居生活，平常到地位低落的地步，往往忽略其存在，名稱明明叫「主食」，卻吃成附屬品，越講究的飯館越挑精揀肥，專吃各式菜肴，從來也不配一口飯。

白飯之於佳肴，好比畫布之於色彩和線條。一席筵宴總不乏華麗的菜肴，互相爭奇鬥艷；若缺少白飯的搭配調和，不免會彼此扞格。

我大學畢業未久，在羅斯福路巷子裡的地下室上班，事多錢少，深覺臺北居大不易，忙得無暇讀書，遂辭去工作，報考藝術研究所。當時距考試日期只剩個把月，我每天煮一鍋白米飯，煎一塊白帶魚，竟也吃得有滋有味，如今回想，那鍋白米飯生成充沛的能量，在我清貧的學生生涯。

——二〇〇九年

# 論吃麵

我一直搞不清楚母系祖籍何處？漳州呢？還是泉州？我自幼失怙，從來不關心身世，只曉得他們移居臺灣很多代了。

那天中午在泉州吃了一碗滷麵，忽然領悟，母系有可能就是來自泉州。那滋味連接了我童年到青年的記憶，數十年來，我的母親只會煮這種麵，我從小吃到大，理所當然地，認為麵就應該這麼煮；就好像我初訪福建，眼之所見多熟悉得十分自然，沒有虛矯，不必客套，只有對接待友人的感謝。

那碗麵像一首抒情詩，沒有慷慨激昂的主題，也不強調意識形態，它訴諸情感，意象準確，節奏優美，久煮的麵條中伴奏著蝦仁、高麗菜、胡蘿蔔絲、肉絲、魚丸，形成表情豐富的複調，平靜敍述濃郁的親情。

我在一碗麵中，彷彿認同了自己的身世。

## 1.

小時候，母親曾煮麵線為我過生日，熱呼呼祝福的滋味。古時候，麵條即作為祝福新生男嬰長命百歲的飲食符號，劉禹錫〈贈進士張盥〉：「憶爾懸孤日，余為座上賓。舉箸食湯餅，祝辭添麒麟」。

圍繞著吃麵有許多習俗：銅川產煤，鄉人下礦井要吃長麵，象徵拉魂；朝鮮族農曆正月初四中午吃冷麵，意謂這一天吃長長的冷麵，就會長命百歲，因此冷麵又叫「長壽麵」。

起初，臺灣並不時興吃麵，戰後忽然來了許多新移民，麵食才逐漸風行，種類和吃法才逐漸繁複。我小學時很羨慕家長是軍公教的外省同窗，他們家每月配給麵粉，吃麵的時候比吃飯多。我有一種頑固的印象，好像吃麵長大的人身材多比較高大。

一九八九年初訪北京，吳祖光、吳霜父女帶我去鐘鼓樓嚐風味小吃，一路上，歌唱家吳霜學臺灣八點檔連續劇的聲調講話，尾音總是拉得很長，我聽了有點不爽，遂問她：「你是覺得我們臺灣女人講話都很嗲嗎？」她看了我一眼，回答：「男人也嗲。」

北方產麥，麵條自然成為傳統主食，所謂「出門餃子進門麵」，有時我不免想，莫非他們講話的豪邁、簡短、中氣十足，都跟吃麵有關？

尤其八百里秦川，自古盛產小麥，秦人大抵皆嗜麵之徒，他們的麵就是饃，作法幾十種，以羊肉泡饃最有名。秦人吃麵用粗瓷大老碗，顯得豪爽，熱騰騰的泡饃總是令我想像氣勢雄渾的文化，想起許多關中好漢。

## 2.

吃麵意味著簡易的一餐，帶著即興的況味，斷無計畫周詳再去吃麵的道理。

我歡喜吃路邊攤，雖然吃路邊攤存在著各種風險。大學剛畢業時賃居於中興百貨後面的巷子裡，每天早晨，巷道流動著各種小販，儼然一座小型的市集。有一天上班前，匆匆在巷口吃一盤涼麵，涼麵的生意不惡，滿滿一個大澡盆的麵甫售罄，那婦人立刻又倒進一大桶，辛勤的臉上掛著飽滿的汗珠。

「少年仔，真歹勢喔，拜託你起來一下，警察來啦！」我還未意識到究竟發生什麼事，她已經慌慌張張地推著攤車要跑，卻被一個騎摩托車的警察攔下。她看看警察，又看看我，好像埋怨我動作太慢，又很難堪地說：「不必走了，你慢慢吃吧！」我看小販們各自推著車四處游走，再重新正視剩下的半盤涼麵，忽然沒胃口了。

警察手裡拿著紅色的罰單和原子筆，很不自然地微笑著，婦人則假裝沒看見眼前的紅單，動作變得僵硬，一邊攪拌麵條，一邊囁嚅爭辯，彷彿要挽救什麼：「攏是艱苦人啦！」「做這款小生意賺無多少錢啦！」

警察與婦人，和空氣一樣，在等待與敷衍中屏息緊張。

「對面那個賣豆花的不開罰單，為什麼偏偏只開我的？」她瞥見警察的原子筆已經在紅單上寫字，忽然忍不住爆出憤懣的話，隨即又驚訝自己的態度，忙堆著笑：「拜託拜託！給我拜託啦！」好像面對生活的挫折，本能的退縮和微弱的抗拒。

「下回我開賣豆花的。」警察把罰單交給她時，很尷尬地這樣安慰她。然後看一眼我面前的半盤涼麵，不好意思地騎摩托車離去。

## 3.

涼麵在夏日特別討喜，二〇〇五年，劉維珍小姐在臺北市的牛肉麵比賽中，以涼牛肉麵奪冠，可謂體貼了評審在烈日下吃麵的辛勞。

我還是偏愛吃熱騰騰的麵。相對於米飯，麵食多了豪放、磅礡的氣勢。麵，需熱騰騰入口才有味。

此外，大凡美食，多需細嚼慢嚥，才能品味。似乎只有吃麵，從食具到吃相都不必追求細緻，恐怕得唏哩咕嚕大口吞食、大汗淋漓才是吃麵的文法，一口未嚥，急嚼第二口，一碗又一碗，吃到滿頭熱汗，鼻子暢通。《世說新語．容止》載：「何平叔美姿儀，面至白。魏明帝疑其傅粉，正夏月，與熱湯餅，既噉，大汗出，以朱衣自拭，色轉皎然」。這才是吃麵的基本相貌。

我完全同意束皙〈餅賦〉的意見：「玄冬猛寒，清晨之會，涕凍鼻中，霜成口外。充虛解戰，湯餅為最」，束皙恐嗜麵近痴，他在文章裡描寫富人吃湯餅：「行人垂液於下風，童僕空瞧而邪盼。擎器者舔唇，立侍者乾咽」。

可能是我們總是餓極了才吃麵。好像沒有人是肚子不餓在吃麵的，我也不曾見人優雅閒適地細嚼麵條。有次我走在上海南京西路，走著走著竟走進「小南國」，一個人不好點菜，忽然想吃蔥油拌麵，侍者送來才知道像臉盆那麼大，不怕不怕，唏哩忽嚕很快就全部吞下肚了。

我素喜上海拌麵，以鱔汁或魚汁淋拌，滋味甚佳。一天早晨，我搭計程車到雲南南路「松濤人家」吃麵，先吃一碗「開洋蔥油拌麵」，再吃一碗「燜蹄二鮮麵」，總共才十一元人民幣，就令我肚皮鼓脹，快樂得要命。

上海的蘇式湯麵似乎是吃麵主流，美味不遑多讓於黃土高原，真替江南爭足了面子。如肇嘉濱路、吳興路口的「夏麵館」，進門即見紅燈籠、仿古桌椅、蘇州評彈，水鄉氛圍中帶著時尚氣息。蕭關鴻帶我去一次後，我得空便去。並非去看美麗的店東夏小姐，實在想念蝦爆鱔背麵、黃魚煨麵。不管什麼麵，那澆頭例不放在麵條之上，而是另置一碟。我可能太專情於蟹了，在「夏麵館」吃麵，必加點一盅蟹粉豆腐，和蟹粉獅子頭。

淮海路的「滄浪亭」，也是吸引我流連街頭的磁場，吃不到「三蝦麵」的季節，就吃「蝦蟹麵」，量夥味鮮的河蝦仁，加上令人悸動的大閘蟹肉、蟹膏，隆重展現在麵條之上，散發華麗的身影，我見一次就永遠忘不了。

吃這類蘇式湯麵，最痛快的經驗是在蘇州。不曉得是否深受陸文夫中篇小說《美食家》的影響？每次去蘇州，每頓早餐念茲在茲的是到「朱鴻興」吃燜肉麵。那碗麵，結結實實盤踞心頭，竟勝過蘇州的園林。

麵條那麼好吃，很重要的成分是碗裡的油，我尤其愛那豬油的氣味。其實素油也能很香，如臺灣人愛吃的苦茶油拌麵線。陸游晚年在故鄉寫的兩首吃麵詩〈朝飢食齋麵甚美戲作〉就自詡親手調製的「芼油蔥」美味非比尋常，「一杯齋餺飥，老子腹膨脝」，雖然澆頭是素齋，還是吃到肚皮鼓漲起來。詩裡的「餺飥」是一種湯餅，原先的外形為寬長片，唐代以後變為寬長、細長、厚片、方葉等多種形狀，成為麵片。

麵片作法同麵條，只是切得較厚，下鍋前先將切好的寬麵放在手背上，再捏成一片一片入鍋。《春冰室野乘》記載，清道光皇帝有一天想吃「麵片兒湯」，令御膳房進之，內務府於是奏請添置御膳房一所，並設官管理，常年需要數千兩銀。道光是相對比較儉省的皇帝，拒絕了添置御膳房的要求。然而麵還是要吃的。「前門外某飯館，製此最佳，一碗值四十文錢，可令內監往購之」。過了半天，覆奏：某飯館已關閉多年矣。可憐道光，貴為皇帝，想吃一碗好麵也不容易。

麵片即現在的麵疙瘩，最初是市井勞動階層小吃。木柵市場旁有一韓僑經營的小吃攤，賣幾樣簡單的韓式吃食，我尤其欣賞她的麵疙瘩，蛋花、蔥花、海苔片浮在湯上，很是好看。那湯頭香郁濃厚，乃是用雞骨、豬骨熬製，我明明知道罹患痛風的人不宜輕嚐，每次還是把湯喝光。

這家小麵攤害我常逛菜市場。早晨起來，去吃碗麵疙瘩，神清氣爽。吃完麵，閒逛於人聲鼎沸的菜市場，看看有沒有新鮮物事？一日，被吆喝聲吸引至魚鮮攤前，擠在圍觀的群眾間看魚販喊價，表演。他把一簍又一簍的魚鮮粗略分成幾袋，使用誇張的忍痛的神情喊出一個數字，眾人就紛紛掏錢購取。

「眼鏡仔，免著驚，這些，攏總兩百就好啦！」他交給我一大袋冰凍鮭魚塊，看起來可以連續吃二十天。我雖恨人家叫我「眼鏡仔」，站立魚攤前卻發現自己很喜歡小便宜。那天我買了大約十公斤的魚鮮，步履沈重地提回家。

## 4.

一般人煮麵習慣以芫荽、蔥末，老醋調味。袁才子歡喜吃湯麵，他在食單裡說：「大概作麵，終以湯多為佳，在碗中望不見麵為妙」。

看來李漁作麵的手段、理論，要比袁枚厲害。李漁說南方人吃切麵，把油鹽醬醋等作料，都下到麵湯裡，他對這種吃麵的辦法期期以為不可，「湯有味而麵無味，是人所重者不在麵而在湯，與未嘗食麵等也。予則不然，以調和諸物，盡歸於麵，麵具五味而湯獨清，如此方是食麵，非飲湯也」。李漁自製兩種麵條：「五香麵」、「八珍麵」，兩者豐儉不同，前者較簡單，自己吃；後者用來款待客人。

李漁所謂的「五香」是醬、醋、椒末、芝麻屑，另加上焯筍或煮蕈煮蝦的高湯；椒末、芝麻屑拌入麵裡，醬、醋、高湯作為和麵之水，拌勻，擀薄，切細，如此一來美味盡在麵條之中。「八珍」相對就比較豪華——將曬乾的雞、魚、蝦研成末，加上鮮筍、香蕈、芝麻、花椒一起磨成末，再統統以高湯和入麵裡。

這才是治麵的基本態度。我愛吃乾麵，不幸常吃到滿碗皆醬的乾麵，麵條本身沒滋味，完全依賴澆淋其上的醬汁，有些獃廚又往往灌注過多的濃油黑醬，使麵條宛如沈淪在瀝青裡，狀甚恐怖，我們必須使力撈起麵條，涮過開水才能入嘴。

吃乾麵大抵要配湯，魚丸湯、豬肝湯都是不錯的組合。

乾麵配豬肝湯不曉得是誰的創意？長女珊珊在仁愛醫院出生時，我天天跑到醫院後面的巷子裡吃乾麵，喝豬肝湯，其乾麵是麻醬麵，餐桌上備有辣高麗菜供顧客自取，麵條燙得恰到好處，價錢公道。那家小店看起來毋寧更像路邊攤，簡陋，破舊，似乎也不太衛生，卻食客洶湧。他們不可能都跟我一樣清貧，可能美味才是吸引大家走進來的主要原因，美味而經濟，才是值得表揚的食物。

當初吃這家乾麵吃得有點狼狽。岳母來臺北陪產，太太經仁愛醫院的庸醫高國隆誤診，陣痛十八小時，羊水已破，才照X光，才發現骨盆太小，緊急剖腹。我在緊張、憤怒、疲憊交纏中，未多留意岳母容易緊張又疼女心切。我們已足足二十四小時未闔眼，一直守在太太身邊，多麼渴望休息，乃建議輪流小憩。

「我不睏。」

「既然你還不睏，我先去睡一下。」

「你睡得著嗎？」岳母似頗有慍色，我只好又侍立一側。

我的長女終於誕生，天亮了，我餓得發昏，偷跑到仁愛醫院後面的巷子吃一碗乾麵，一碗豬肝湯，順便帶了一份給岳母。

「我不餓！」她望了塑膠袋裡的東西一眼，略帶譏諷地問，「你竟吃得下？」

離開仁愛醫院後，我有時會懷念那攤的乾麵和豬肝湯，再度去吃卻是將近十三年後，珊珊已經上國中，幼女雙雙也已誕生。一樣食客洶湧，許多人排隊等吃麵，我坐在簡陋悶熱的店內，等了好久麵才端上來，麵吃完又等了片刻豬肝湯才出現，這麵攤的這兩種食物都談不上美味，卻令我喜悅，充滿回憶的滋味。回憶總是飽含滋味的，飽含著惜情和念舊。

雙雙出生後，秀麗暫住麗水街的坐月子中心調養，陪住時我形同坐月子，那一帶剛好是臺北市的美食重心，我每天從早餐到晚餐流連永康街、麗水街美食圈，忘記真正的任務是陪老婆，雖然也得到了報應——胖了好幾公斤。

那兩星期，我吃了不少好麵，諸如「銀翼餐廳」的蔥開煨麵，「永康」、「老張」和

「誠記」的牛肉麵。如果時間稍趕，則選擇麗水街「小南門福州傻瓜乾麵」，此店原先在小南門，後來生意興隆，開了好幾家分店，我愛吃大碗乾麵，喝他們自製的福州魚丸湯，拌豬油的乾麵，上面灑了一些好看的蔥花，吃前先淋一點店家自製的醬汁，歡喜辣味者可添加他們的辣渣和辣油，頗有風味；魚丸湯很傑出，不加肉末的那種，尤其充滿魅力。

## 5.

麵招常因人而名，如彰化「老鼠麵」乃緣於老闆的綽號。我初次到福州，到處尋找臺北常吃的「福州麵」不果，猜想臺北初賣此麵者是福州人氏，乃以福州麵為名。正如流行於星馬的「海南雞飯」、「福建炒麵」，料想是當初立號營業者是海南、福建人氏。

麵條大抵隨形而名，如煮餅、湯餅、貓耳朵、撥魚……魏晉稱「湯餅」，麵條即由「湯餅」衍成，乃湯煮的麵條、麵片統稱，始於漢代，作法是將和好的麵團撕成麵片，下鍋煮熟。漢代宮廷設有「湯官」，專門作湯餅給皇帝吃。

宋代的飲食發展頗為興盛，麵條的名稱真正確定，《東京夢華錄》、《夢粱錄》、《武林舊事》各自記載了麵條的諸種作法，包括煮、炒、燠、煎，形式已經成熟、繁複，澆頭也多樣化。元代畫家倪瓚《雲林堂飲食制度集》記載的煮麵法，大抵敍述了製作麵條的全部過程，捺麵團、切麵、煮麵都很講究，和目前的製法幾乎完全相同。

製麵多講究細長，「撈時舉其臂而不能終其端，盤於碗而無斷」。我在北京的「藏酷餐廳」吃過一根麵，一根麵條蜷曲環繞，盤據了滿滿一海碗。

魏晉時麵條已經很細了，束皙〈餅賦〉稱湯餅「弱如春綿，白若秋練」；傅玄〈七謨〉也形容「細如蜀蠶之緒，靡如魯縞之線」。束皙這樣描述：「火盛湯湧，猛氣蒸作，振衣振裳。握搦拊搏，麵彌離於指端，手縈迴而交錯，紛紛駁駁，星分雹落」。講得好像一場芭蕾舞表演，在我們心中飄落繽紛的花雨。

細則細矣，我理想的麵條須富嚼勁，麵條柔韌有筋，吃起來才壯口。

遺憾如今認真治事的人少了，目光短淺的業者只求快不求實在，無論魚麵、菠菜麵、胡蘿蔔麵、玉米麵……吃起來多了無滋味。最近胡天蘭介紹我吃青島東路「中原製麵店」的麵條，說是臺北碩果僅存的手工麵條專賣店，保留純樸古風，沒加添防腐劑、鹼粉、脆劑，或其它化學藥劑。天蘭送我一斤，我當晚即煮來吃，果然好樣的，彈勁中飽含了麵香。第二天我就專程去買了十斤，並稱贊老闆做的好麵條，他自負地隨手拉了一根麵條，竟像橡皮筋般拉長兩倍餘。

好麵隱約中帶著麥香。機器製麵的口感總是不如手工，手工麵條講究勁道，入嘴的咬勁，和爽口俐落的彈勁。

山西被稱為麵食的王國，以刀削麵、拉麵聞名，彈勁極佳。

拉麵是山西的傳統麵食，故臺灣的拉麵多標榜「山西」招牌。拉麵即北京的「抻條麵」，又名甩麵、抻麵、扯麵，從這些動詞可見此物充滿動作性。拉麵甚具表演性格，作法是先將麵粉揉糰，摔打桌面，左右拉開成麵條環，向上一拋，交叉成雙相纏繞；如此反覆摔條、拉長、上拋、交纏動作，變魔術般，粗麵糰變成細麵條，再切開兩頭即是拉麵。這道工序的原理，在使麵分子結構由橫向排列，變成順向排列，改善麵條的口感。

每次看到表演拉麵，彷彿覺得眼前這高人並非庖子，比較像體操選手。據說高明的師傅，一分鐘能將三斤麵糰拉出八千一百九十二根細如銀絲的麵條，粗細由心，根根不亂。這種神技恍如武俠小說的世界。

另一種具表演性格的是刀削麵，刀削麵的麵團須多揉，越柔越好。將一長塊的麵團放置掌中，一手托麵，一手持刀往鍋裡削出柳葉形的麵片，中厚邊薄，那快刀過處，麵片如柳葉游魚，飛入沸水中翻滾，視覺已先於味覺進行審美。

山西拉麵迥異於日本拉麵，其中可窺探彼此的文化奧秘。

伊丹十三的電影作品《蒲公英》已將吃拉麵程式化，片中那位美食家教徒弟如何吃一碗拉麵：首先，充滿愛心地望著那碗麵，慎重夾起叉燒肉放在右上角，讓肉保持原狀，輕拂著，說「等一下再見吧」，這才開始夾起筍絲入口。明明很想吃那叉燒肉，卻隱忍著，讓美味一直襯托著麵條，頗能反映大和民族的性格。

## 6.

我吃麵有一種很偏執的習慣：不能缺少辣醬或辣油。吃麵需熱、辣、香，依賴罐頭辣醬的店，肯定沒有能力煮出一碗好麵；反之，能自製美味辣醬者，大抵可以端出不錯的麵。如「勺勺客」的辣醬帶著花椒香，很討人歡喜。

金山南路「韓記」點菜單好像選擇題，例如點食率最高的招牌麻辣燙，是要純肉湯呢？抑或加麵、加冬粉？裡面的肉片，還可依個人口味選擇牛、羊、豬肉；此外，辣味輕重另需註明小辣、中辣、大辣。

我勉強算是個嗜辣者，初嚐「韓記」的招牌麻辣燙，很謙虛地選擇「中辣」。「中辣很辣喔！」服務員拿走點菜單時，提醒我。果然辣得要命，害我吃得熱汗、鼻水直流，吃一碗麵，用掉許多面紙。

那碗麻辣燙裡面除了肉片，另有鴨血、黃豆芽、豆皮，褐紅的湯上，擱了量夥色鮮的青蔥。那肉切成薄片，透露著猶生的粉紅色澤，應是生肉直接放進滾燙的碗裡，類似過橋米線的烹法。最美妙的是鴨血，滑嫩，花椒味有效滲透了進去。

「韓記老虎麵食館」主要經營麻辣麵食，店招的老虎應該不是暗示老闆娘的脾氣，可能指該店辣味之兇猛，威懾人。

然則什麼麵才好吃呢？恐怕因人而異，林語堂一生吃過最好吃的麵是豬肝麵，小時候，他爸爸吃豬肝麵，偶爾會捨不得吃完，留下半碗，叫林語堂到房裡去吃。這個窮牧師爸爸育有六男二女，看起來似乎最偏愛語堂這個頑皮的兒子。我想像那半碗豬肝麵，父子兩人自然都吃不飽，卻飽含父子親情，和不可洩露的神秘滋味。

臺灣名氣最大的麵是擔仔麵。此麵見證臺灣庶民飲食的衍變，起初乃貧人挑擔賣麵「度小月」，後來端上大飯店檯面。臺北華西街的「臺南擔仔麵」即從路邊攤起家，變成大餐廳之後，擔仔麵不再重要，轉而主攻昂貴的海鮮料理。

肩擔熟食而市，到處都有，不過這種隨意啖嚼的東西通常只有點心、零食、水果，惟有閩、粵、滬等地會將烹過的雞鴨海鮮和調味料陳列擔上，另備小凳，供客人坐著吃。

辦公室附近頗有一些好麵，如果是中午，我一般吃巷子裡的傻瓜乾麵。如果是夜晚，我常吃南昌路夜市一攤豬腳麵，以中藥材作為香料烹製滷味和高湯，那豬腳滷得又香郁又彈牙。有時候也會走到「御芳」吃意麵，再切一些剁骨豬腳。賣意麵者常標榜「臺南意麵」，大約意麵的口碑也是從臺南出發的，圍繞著臺南，總是令人垂涎的好麵，像鹽水、關廟。

意麵發源於鹽水，製麵時需加蛋，將蛋攪和入麵粉。「意」是什麼意思？一說加了蛋的麵粉擀起來較吃力，邊擀邊發出「噫—噫」之聲，因諧聲而得名「意麵」。一說是「伊麵」，起源於清代福建一個嗜麵如命的伊姓知府，每次出遠門就先將麵條炸熟了帶著，以備隨時燙煮……其實，兩種傳說指的是兩種不同的麵條。

意麵的麵條形狀略扁，十分彈牙，臺南人又研發出「鱔魚意麵」，猛火快炒，勾芡後爽脆滑嫩，酸酸甜甜的，充分表現臺灣的老滋味。我很難想像，有什麼臺南人會沒吃過鱔魚意麵？

我小學三年級時開始惡補，每天放學即到級任老師設在外面的私人補習班繼續上課，幾乎全班到齊，大家擠在狹窄的房間裡，我完全無心聽講，不知神遊到什麼地方去了，日光燈暈昏昏的，用力看也看不清楚黑板上的數字，我想我那時候就近視了。

步出老師的私人補習班，天色漸黑或竟已全黑，對面剛好有一麵攤，我回家前都會先吃一碗意麵，那意麵湯澆了些肉臊，麵條上擱了兩片薄肉。我才小學三年級，每天一大早就經歷了精神上的崎嶇，遭受課業的磨難，現在終於面對這碗好麵，它令我昏沈的近視眼發亮，為委屈的今天帶來明天的希望。

## 7.

吃麵是日常生活最起碼的幸福。

臺北是多元化的美食城市，我只要閉著眼睛，腦海裡就會浮現許多好麵：「喜來登飯店」十七樓的黃魚麵，「銀翼」的蔥開煨麵，「郁坊」的雪菜肉絲拌麵，「鼎旺」的乾拌麵，「面對麵」的炒麵疙瘩、京味炸醬麵……魚麵的高湯以魚骨熬煮而成，色澤傾向乳白。黃魚麵需加一點雪菜末，味道才好。

辦公室搬到臺電大樓對面後，我更常去臺大附近的「銀座」吃油雞蛋麵，這是一家越式餐廳，原先只賣簡單的麵食，後來生意漸佳，加上時尚所趨，餐點種類漸多。不過二十年來，我總是點食乾蛋麵，和一盤油雞。臺北的乾蛋麵即是廣東的撈麵，我去香港，每天早晨若不先吃一碗撈麵，總覺得精神不濟。

我愛陽春麵，愛它大大方方，毫無遮掩；跟人一樣，本質既是清淡、簡單，實不宜過度裝飾。有人煮陽春麵，動不動就舀一匙豬油、肥肉臊進麵湯裡，徒然令人反感。

因為本質單純，所以能善變，加入豬油，即帶著福州風；加進沙茶，就變成潮州風……

我越來越愛陽春麵，愛它雲淡風輕的氣質，它質樸的天性需要耐心品味，方能明白簡單之美。

面對一碗麵，我往往有點激情、慌亂，有點興奮，一種乾柴烈火般的衝動。好像只有吃麵時，嘴巴才會邊咕嘟嘟呼氣邊呻吟。

——二〇〇六年

# 論吃魚

# 1.

我對魚可謂一往情深，寬鬆地講，幾乎無日不吃魚。青春期，我的早餐常是一條肥碩的虱目魚和一大碗麵線；外食輒在市場口攤販，吃虱目魚粥。長年的食魚習慣，恐已成為難移的性格，直到現在，無論來來飯店「福園」、兄弟飯店「蘭花廳」或福華飯店「蓬萊村」等知名臺菜館的乾煎虱目魚，都不對我胃口。每天清晨，總會驅車到南機場公寓的路邊攤，坐下來痛快地吃虱目魚粥、魚肚湯、滷魚腸和魚頭，才撫著嚴重腫脹的肚皮，步履遲緩地離去。

虱目魚和吳郭魚都是臺灣主要的養殖魚類，帶著強烈的庶民性格。十幾年前，常跟同事劉開到廣州街吃滷肉飯配虱目魚肚湯，他愛誇耀這攤的魚肚湯如何了得。的確是好，不過劉開未免少見多怪，這種水平在我們高雄，及格罷了。關於魚鮮，我一向避免在朋友間表達比較的觀點，以免被人斥為高雄人的傲慢。高雄人吃魚鮮，跟澎湖人一樣，都值得驕傲。剛搬到臺北住時，媽媽最抱怨的是臺北的魚怎麼看都不順眼，市場裡都是魚屍；那裡像高雄，隨便那一個市場，莫非活蹦亂跳的魚鮮。

每年接近冬至，烏魚群迴游到高雄海面，烏魚煮米粉湯乃成為我們的家常料理。而烏魚子，自然連接春節的喜氣，我至今仍想不出，天下之大，有那一種珍饈比烏魚子更適合下酒。

魚這種食物怕是要九分材料，一分功夫，只要新鮮，怎麼烹調都可口。我在臺北混了這麼多年，頗吃到一些有意思的好魚，諸如天母「東和」日本料理的生魚片，北投「夫妻檔」的鱈魚肚，忠孝東路「宋廚」的燻龍體，復興南路「新曼谷」以及和平東路「泰平天國」的檸檬魚，青島西路「雅廚小館」的咖哩魚，麗水街「天罈」的窯烤鮭魚頭，延平南路「隆記」菜館的蔥烤鯽魚和紅燒下巴，木柵「永寶」餐廳和「野山土雞園」的炸鯧魚，永和「上海小館」的蔥燒燻魚，中山北路「肥前屋」的烤鰻片，衡陽路「上海極品軒」的豆腐鯊羹和紅燒河鰻……

河鰻處理費工，難度甚高，一般餐館多沒有能力去除頑固的鰻腥，解決之道是先以六分熱的水燙開皮膜，再用竹筷仔細取出腸、臟，斷絕腥味來源。有一次在陳力榮的個人工作室「煉珍堂」吃到張德勝師傅料理的紅燒河鰻，那是一條三斤多的河鰻，他以熟練的技術去腥，再用蒜頭、香菇、筍、栗子、板油、黃酒、冰糖、醋烹製，最後以蕃茄醬調色，風味迷人，堪為典範。

以竹筷去魚腥是了不起的烹飪手段，八德路「涎香小館」的朱家樂有一道拿手的順德菜——煲魚腸。吃他的煲魚腸得憑點運氣。魚腸更講究新鮮，須當天買來處理當天賣出，他每天固定買四尾草魚，四條腸若失敗任何一條，如腸子發黑毀壞或不慎捲破一段，則前功盡棄，因為四條腸的量才剛好夠裝一小盤。處理魚腸相當艱難，最要緊的是先去除又腥又苦的腸膜，作法是以削呈三角形的竹筷慢慢捲慢慢剝，每條魚腸得專注地費上一刻鐘，再以太白粉、鹽仔細洗淨；接著加進魚肝、雞蛋、酒調味，並用油條吸去腸油，然後置入瓦缽，以文火蒸熟，烘乾，越乾越香。烹製魚腸切忌使用鐵盤，因為鐵盤傳熱太快，盤內的魚腸會下焦上不熟。朱家樂的煲魚腸吃起來，像我在巴黎吃到的鵝肝醬，又像在東京嚐到的蟹膏，有著珍貴感，一點點腥，大量的香。

我在外頭用餐殊少點食蒸魚，雖然有些餐館的蒸魚確實好吃，終究不如我自己在家裡蒸的美味，並非我的技術厲害，實在是蒸魚太方便太容易了——魚上蒸籠後八分鐘左右即搞定，不會像一般餐館為了應付不同時間點食的客人，蒸籠開開闔闔，不免影響了火候。我蒸魚時，習慣在盤子上放置幾條蔥，避免魚身直接接觸盤子，一則使蒸氣的循環均勻，再則使蔥香充分滲透進魚肉裡。

吃魚時，我認為配一碗熱呼呼的米飯最爽口，以微甘的米飯作背景，完全呈現鮮魚的甜美。中國文人吃魚以白居易最獲我心，他也有南人「飯稻羹魚」的飲食習慣，並留下許多吃飯配魚的詩，讀了會促進唾液分泌，諸如〈舟行〉：「船頭有行灶，炊稻烹紅鯉」，〈殘酌晚餐〉：「魚香肥潑火，飯細滑流匙」，〈飽食閑坐〉：「紅粒陸渾稻，白鱗伊水魴，庖童呼我食，飯熱魚鮮香，箸箸適我口，匙匙充我腸，八珍與五鼎，無復心思量」……當年我辭去工作，準備報考藝術研究所時，賃居永和，窮得跟鬼一樣，我最常煮一鍋飯，煎白帶魚，每餐一塊，那滋味，彷彿帶著憧憬和力量。

## 2.

余愛魚至深，在可預見的將來還打算繼續迷戀下去。愛魚及城，有些城市是通過食魚經驗來觀看和記憶的。二〇〇〇年年底蕭依釗安排楊牧、瘂弦、張惠菁和我赴檳城座談，瘂弦的舊識鄭元德特地從深山撈來一種馬來語叫**Ikan Tengah**的小魚，那夜，他們三人都淺嚐即止，唯我一尾又一尾塞進嘴裡，整盤炸小魚幾乎被我吃光。這種魚可能太習於在潔淨的山澗生長，非常敏感，處理時稍微怠慢即迅速腐臭。大概美好的事物都不牢靠，**Ikan Tengah**脂肪豐厚，咀嚼起來，芳香四溢，其鮮美卻像年華一樣，很快就會消逝。

一九九九年參加新加坡作家節，我每天都出去尋覓美食，在小印度的蕉葉阿波羅（Banana Leaf Apolo）餐廳吃咖哩魚頭，以香蕉葉為餐盤，用手抓魚肉吃，厚重濃烈的印度咖哩和香料，害我一夜之間愛上了新加坡。本來我覺得新加坡太規矩了，不免有點乏味，然則那顆魚頭，完全顛覆了我的成見。

愛吃魚的朋友們都喜歡魚頭，可惜每隻魚只有一個頭，魚頭又多不如人嘴大，難免常在餐桌上爭食，傷了和氣。有一回在「鴻一小館」聚餐，吳清和指著桌上的石斑魚頭，使用驃悍粗壯的嗓門喊道：「誰要吃這魚頭！」語氣明顯不是徵詢的意思，我看他塊頭比較大，遂不敢聲張，只好擺出禮貌性的笑臉，任他不客氣地奪走魚頭，還撂下一句狠話：「我倒是想看看今天有誰跟我搶魚頭！」

另一次餐會在「北海漁村」，清蒸東星斑上桌，分配到每個人的盤子，立刻都吃得乾乾淨淨，剩下那個大魚頭在餐桌上轉過來轉過去，睜著牠的大眼珠看一群狀似文雅的食客，始終沒有人取食，我勉強裝出來的斯文到了極限，乃陸續作出「既然無人聞問」、「避免浪費，我只好勉為其難地把牠處理掉」的那種表情。啊，慢了一步，那魚頭在我剛出手時被一個跟我作出同樣表情的雅士取走了。我有一種被橫刀奪愛的疼惜和忿懣，慢半拍的行動力讓我辜負了美麗的魚頭，期待的幻滅，遂產生一種妒恨情緒，久久無法排解。我忽然覺得那傢伙面目可憎，簡直到了難以再繼續交往的地步。

涎香小館的乾燒魚頭製作繁瑣，非熱愛廚藝者莫辦。這道菜原來是廣東大戶人家作給奶媽吃的，奶媽吃得比少奶奶好，並非主人疼愛奶媽，乃是乾燒魚頭會增加乳產量，純粹關心嬰兒的營養和健康，暫時將奶媽當乳牛看待。吃涎香小館的乾燒魚頭，三天前就得預定，因為要瀝乾魚頭頗為費工——從前用風吹乾，老闆朱家樂將魚頭放置冰箱，保鮮又除濕，他將吸油紙放在魚頭上，約兩小時換一張，如此吸一整天才算除好濕；接著將魚頭放入瓦鍋，加進一碗酒、一碗油，以香菇、薑、蔥、燒肉吊味，慢煨，等待預約的客人。我每次去吃，知道一鍋香味四溢的魚頭在廚房等待，總是有一種約會的喜悅，這道菜特別適合和好友共享，未吃完的魚頭回鍋煮大白菜和豆腐，是下酒美味。

更有個性的是鹹魚蒸草魚——先用麻油將草魚塊稍稍煎過，再加鹹魚、薑絲清蒸。重點是以鹹魚蒸草魚的創意，鹹魚的腐漬味，準確提升了草魚的新鮮，強調了草魚的甘甜，那草魚雖然等閒，卻因為一小塊鹹魚的提醒，產生了戲劇性的張力。

那塊鹹魚令我聯想起張北和的鮑魚。有一次我邀了幾位中央大學的同事到臺中「將軍牛肉大王」作客，張北和張羅的菜單中有一道「珊瑚鮮鮑」，每個人一隻超過一臺斤的鮑魚，分別配松子、薑絲、臭豆腐乳吃。極其甘美的一頭鮑蘸臭豆腐乳？起初我不敢置信，後來不得不佩服張北和的想像力。這是一種食物的對比美學，以副題的腐臭氣，彰顯主題的清香味；如同以舒緩平靜的基調，伴奏生命偶然迸發的急切激情；如同沒有了法海的魯莽武斷和多管閒事，如何突出白素貞的堅定和深情？這項創意令我的審美觀念轉了一個大彎。

## 3.

臺灣吃草魚、鰱魚最出名的地方是石門水庫，專門烹魚的餐館環繞水庫林立。從前三叔經常邀全家人去石門水庫附近的「磊園」吃魚，經常二十幾個老少親戚一起歡聲喧鬧，毫不拘謹地品味草魚和鰱魚的各種作法，親戚在假日團聚，使那肥厚的炸魚排透露歡樂的滋味。三叔跟我一樣貪吃，我初次去新屋，梅干扣肉一上桌，他立刻夾了兩大塊肥肉放我碗裡，含笑看我勇敢送進口中，似乎從我吃得滿嘴流油的饞相中發現了某種美德。

我在石門水庫吃魚最痛快的經驗是大溪「溪洲樓」的烏鰡宴，燻、三杯、宮保、豆瓣、湯泡、鹽焗、醋溜、豆豉、紅燒、藥膳、煮湯、清蒸依序十二種。那夜的主菜是烏鰡（青魚），最感動我的卻是吳郭魚。老闆李旭倡的吳郭魚獨步天下。

吳郭魚量夥價賤，加上有頑固的泥土味，一直上不了大餐館檯面。景美「味自慢」日本料理店的吳郭魚，除了必要的蔥、辣椒、薑，另以豆腐乳掩蓋泥味，頗得食客好評。可惜，魚的鮮美也消失了，肉質變得鬆軟。

怎麼辦？臺灣盛產吳郭魚，市場上隨處可見活蹦亂跳的吳郭魚，拒食不免辜負了養殖業的貢獻，吃了又彷彿滿嘴泥巴。

味自慢為了掩飾土羶，同時也消滅了鮮美，未免太削足適履。我的對策是用百香果汁和百香果露，挽留魚肉的鮮度，頗為有效，吃過的朋友都稱讚；我將實驗成果送給忠孝東路的「永福樓」，將吳郭魚也送上大餐館的檯面。然則這樣努力也還只能治標。

李旭倡的吳郭魚從根救起。他深諳「近墨者黑」古訓，先改善魚生長的環境品質——以水泥建築魚塭，水泥地上鋪石頭、細砂，不使惹爛泥。接下來改善水質——引山上水源注入魚塭，並從另一端排出，使魚塭恆保活水流動的狀態。最後是改善魚的伙食——捨棄一般飼料，改採豆餅餵養；當魚長大，換到隔壁另一個魚池，改用碎米煮飯餵養。他養出來的吳郭魚迥異於習見的黑色，而是通體白中泛著淡紅，外表乾淨美麗，誘人親近。英雄不怕出身低，這樣的魚簡直像一則勵志故事，無論如何烹調都很動人。

那夜我吃到一尾約三、四斤的吳郭魚作豆瓣，鮮嫩甜美，超過期待。更精彩的是只敷粗鹽燒烤，純粹而飽滿的滋味，每一口都是一種味蕾的歌頌；那尾烤吳郭魚，冷卻後食用，竟帶著蟳肉的質地，充滿養殖、料理的想像力和才華。三叔心臟病發唐突辭世前，我還惦念著要帶他們全家去吃烤吳郭魚，如今竟是永遠的遺憾了。

人類一開始就懂得漁獵維生，一部食魚史跟人類的歷史等長，我猜測文明發展最久的熟食可能就是烤魚，遠至舊石器時代晚期。烤魚技藝開發既久，其魅力足以傾國傾城，春秋時代的吳王闔閭就是靠「炙魚宴」幹掉哥哥，奪得政權。其實，僚當初赴宴也不是沒有戒心，奈何那魚烤得太美了，呈金黃色的美魚，首平尾翹，由於剛離火，送到面前猶帶著吱吱的炙烤聲。若我是僚，哎，只要不砍我，為了吃這條烤魚，甘願讓出王位。

# 4.

什麼魚會讓人捨命以試？我吃過較貴的魚是鱘魚。感謝臺灣的水產養殖技術，徐傑立在烏來的「福山養鱘場」養鱘六年有成。那夜在徐老闆的養鱘場，初見美國白鱘在冰涼清澈的水池裡游動，悠緩、冷靜而沈穩，魚齡雖然只有七歲，龐碩的身影頗有帝王氣勢，鱘魚確實是淡水魚類的帝王，成魚的身長可達九公尺，超過一千公斤，壽命可活過一百歲，中國民間素有「千斤臘子萬斤象」的漁諺，臘子、鱏、鱘鰉都是鱘魚的別稱。這種冷水性淡水魚，相貌奇特出眾——頭略呈三角形，吻尖突，小嘴前面有兩對鬚，背部和腹部都有五道縱列的硬鱗骨板，神似穿盔戴甲的古代武士，外形威武，其實卻脆弱得像幼童，很容易受傷，需要細心呵護。

物以稀為珍，鱘魚自古即是中外宴席上的珍稀美味，除了外表予人高雅名貴的聯想，魚肉鮮美，魚卵乃製作魚子醬的材料，魚鰭可製成魚翅等等。長江一帶的漁民說：「寒冬臘月吃鱘魚，下河捕撈拒寒袭」，熱能之高，可見一斑。據說天下鱘魚以生長於長江的中華鱘滋味最美，希望將來有機會赴內蒙或黑龍江的養殖場一嚐。

古時候許多美食家嚐過鱘魚，然則也許是貨源稀少，鱘魚的烹調技術並未普及，經驗累積不足，尤其鱘魚肉質的個性強，廚師若未能掌握其個性，根本無法表現出口感，徒然暴殄天物。清代《調鼎集》記載烹製法十幾種，最為完備。袁枚吃了蘇州唐氏的炒鱘片和煨鱘魚，乃載入《隨園食單》，兩種作法都很重，似乎為了去腥，其中煨法是「將魚白水煮十滾，去大骨，肉切小方塊，取明骨切小方塊；雞湯去沫，先煨明骨八分熟，下酒、秋油，再下魚肉，煨二分爛起鍋，加蔥、椒、韭，重用姜汁一大杯。」袁枚並批評尹文端吹牛，自誇治鱘鰉最佳，其實尹氏煨得太熟，「頗嫌重濁」。鱘魚無魚刺，全身骨頭均為軟骨，除了煨煮，更不妨油炸，骨上附了一層未剔盡的薄肉，香酥可口，的確適合佐酒。此外，那夜的鱘魚盛宴，印象特別深刻的還有涼拌魚皮和藥燉下巴；由於鱘魚油脂較少，刺身的口感並不出色，不如將魚肉切絲，以米醋加調味料醃漬。

另一次生吃淡水魚，是在紐西蘭最大的湖泊陶波湖（Lake Taupo）上吃鱒，鱒魚是一種有潔癖的魚，生長的水域必須非常乾淨。陶波湖面積六〇八平方公里，比兩個臺北市還大。紐西蘭政府為了保護生態，禁止買賣鱒魚，想吃鱒魚唯一的途徑是自己去釣，而垂釣必須先申請執照，每枝釣桿每日的限制是三尾。那天清晨，在遊艇上烤肉，啜飲咖啡，看岩壁上毛利人的石雕和空濛的群山，俱倒映於水波盪漾間，恍然覺得倒映的群山都有著靈性和情感，美得好像不是真的。秋風吹著彷彿吹進骨髓裡去了，不知何故，我總覺得我其實是在觀看一幅山水畫，湖光山色中有一艘小遊艇劃過寧靜如藍玻璃的湖面，悄然晃盪，我看著看著竟跌入畫中，在遊艇上垂釣。從前我不相信姜太公在渭水邊釣魚直鉤不設餌的傳説，疑惑那尾蠢魚願意無端上鉤呢？如今在陶波湖空鉤垂釣，才明白姜太公厲害之處僅在於直鉤而已。我親手拉起一尾肥肥的彩虹鱒（Rainbow Trout），在澄澈的湖裡，那魚的腹部兩側閃顯著霓虹般的色澤，被我的魚線逐漸拉近，躍起，在一陣歡呼中落網。

船家隨即備妥芥茉、醬油，在甲板上料理生魚片。那尾野生彩虹鱒果然不俗，船家的刀工雖差，提供的醬油和芥茉也不怎麼樣，卻無損於肉質鮮美，尤其泛舟於大規模的風景間，鮮紅的刺身，分布精細的脂肪紋絡，溫順地躺在盤子裡，引誘唇舌，那滋味，美如戀人的吻，後來經常回到我的記憶中。可惜紐西蘭人還不懂得吃魚，船家片下魚背的肉排，即隨手將魚頭、下巴、划水，以及猶帶著肉的魚骨丟進垃圾桶，我來不及搶救，心裡暗罵這個蠻夷「討債！」

烤箱裡還有餘火，若將那魚頭、下巴和划水抹鹽上烤架，再把盞品嚐，會是多麼幸福啊。

還有什麼地方更適合品嚐鮮魚？我曾經在花蓮「海傳文化空間」吃一客魚排飯，面對著太平洋，越過陽臺上的鮮花，近處的中央山脈，遠方湧動的波浪，輪船；那魚排雖則蒸得平庸，遼闊的視野卻提昇了它的美感。海明威筆下的山第耶戈獨自在墨西哥灣中和大魚搏鬥則太悲壯了，生吃的小鮪魚自然新鮮，美味則未必。那老人怎有閒情逸致享受呢？孤單，寂寞，他的手和魚纏鬥太久，抽筋了，腳後跟的雞眼又痛得要命，心裡還老惦記著洋基隊的賽事，和狄馬喬的全壘打。可見面對美味要專注，深情，才能有享受的福份。

小津安二郎可能太喜歡吃秋刀魚了，他最後一部電影《秋刀魚之味》描寫深秋，色調依然淡雅，氣氛卻濃郁逼人。開拍時，小津最親愛的母親去世，自己的生命也悄然步入盡頭，他喻最後的歲月為「獨對秋刀魚之味」，並在日記上說，「春花呀，紛如憂絮；酒腸啊，苦似黃蓮」，帶著苦澀的心情獨自品嚐鍾愛的美味，是生命的無奈，我越來越覺得，美好的事物如鮮魚，感動人心，卻非常敏感，脆弱。

——二〇〇一年

# 論紅酒

聽說近年來臺北開始流行喝紅酒，有錢人家裡更特闢一室作酒窖，恆溫、恆濕，珍藏許多名貴老酒，令人羨慕。其實阮囊羞澀者也不必自暴自棄，喝紅葡萄酒毋需太強調硬體設備，毋寧多重視軟體條件；喝紅葡萄酒也不需要內行，只需要有品味。

相對於烈酒的雄渾、深刻、尖銳，或啤酒的豪爽；紅酒的通性顯然比較優雅，閒適，帶著幾分名士氣，它不適合喝悶酒的情緒，應該沒有人會蠢到拿紅酒來澆愁。只有喝紅酒的時候，不必先擁有大肚量，和絕佳的消化循環系統，只要有品味——並非他人的品味，是自己的。

每次走進酒店，滿眼繁複的種類，總是恨不能有足夠的胃能一一試驗，作一趟味覺的旅行。我以為，紅酒最強調個性，眾人都肯定喝三萬元一瓶的最爽，你偏偏固執地相信喝三百元一瓶的某種品牌才快樂。

我初次喝葡萄酒大約是小學一年級，在寄居的大姨家。我的童年大抵是憂鬱的，失去父親，又經年不在母親身旁，所幸大姨很是疼我，刻意讓我享受和表哥一般的待遇。

好像是年夜飯，大姨終於搬出夏天釀的葡萄酒，給每個人的陶碗注入紅酒，然後把瓶底的葡萄渣裝在大碗裡，成為一道醉人的菜肴。大姨先為我夾一隻雞腿，再為表哥夾另一隻，生活上我總是表哥的跟班，他喝一口，我就跟著喝一口；他夾一口葡萄渣，我也喜歡咀嚼葡萄渣。那碗甜酒的酒精濃度想來是低的，卻也足夠讓一個孩童臉紅耳熱，我微醺地，想起自己參加釀酒的颱風天，十幾個大小不等的玻璃容器已經風乾了，我們將葡萄一一拭淨，擠進玻璃瓶罐裡，灑進一層白糖。

好像有行道樹被連根拔掉，或什麼招牌掉下來復迎風飛起，一路跌跌撞撞，發出巨大的聲響。我跟隨大人繼續塞葡萄入玻璃瓶罐裡，再灑進一層白糖。狂風在屋外呼嘯，窗玻璃受到擠壓，緊張地悶響，我疑懼地張望窗外，蓋緊瓶塞，瓶塞上用布封死，鄭重將那些酒瓶搬進櫥櫃裡，充滿期待。

時間讓雜質逐漸沉澱，那碗葡萄酒繼續在我的記憶裡翻騰，發酵，那碗酒連接著一個暴烈狂放的颱風天；我清楚記得那滋味，那碗酒，帶著親情，曾經如何安慰了一個沒有家的孩子的心靈。

我相信最美的酒香會溢上精神層次。我難忘初履拿波里那天，在桑塔·露琪亞港的晚餐，就在著名的「蛋堡」(Castel del'Ovo)旁一家海鮮餐廳，面對著地中海，正前方是卡布里島，左前方是蘇蓮托海岸，我飲著當地的紅酒，心馳神盪，童年起即耳熟的義大利民謠在記憶的海洋翻騰，搖盪。

我終於來到地中海岸，葡萄酒的故鄉，舟楫搖盪，浪花都溫柔撫觸海岸，發散出清淡的鹹味，雖然是滿座的餐廳，我卻升起一種平和、寧靜感。我知道，眼前的海水是一種令人心慌的藍色，撩撥過雪萊、拜倫的靈感。我後來翻閱地圖，那個港好像不叫桑塔・露琪亞，而是拿波里港；然則又何妨，我甚至不記得當時喝的是什麼品牌？什麼品牌也完全不介意了，任何口感到了地中海邊，都會自動搖盪著船歌般溫柔多情的滋味。

在義大利，楊煉推薦我嚐嚐一種紅酒Brunello，我遂帶了幾瓶回臺灣，那成熟的果香，透露野性的木葉氣息，每次都誘人懷念翁布里亞(Umbria)的原野，日落，和古堡上到處亂飛的燕子。可見喝酒最需要講究的恐怕是情境。生命裡有時遭遇到一些情境是不免要暢飲的，他鄉遇故知、英雄惜英雄時，難道會有比互相舉杯更好的慶祝辦法嗎？一個剛品嚐過美酒的舌頭，等於是剛和戀人接吻，會忍不住想唱一夜的贊美詩。

可惜七年前，醫師就斷言我罹患痛風、高血脂，最好遠離杯中物，我曾因此沮喪得恍如失戀，真的是從此人生乏味了。也許每個人一生能飲的美酒有固定的配給，我因為年少時貪杯，提早將配額消耗掉了。

我不能豪飲之後，比較有時間觀看別人飲酒，發現許多文化人也習慣掐著同桌人的鼻子灌酒。許多人知道常常拿XO乾杯不免傷身，乃改成乾紅酒，我每次看他們強迫人家乾杯，自己則使用壯士斷腕的表情，閉眼皺眉，把高腳杯內的紅酒倒進喉嚨，都覺得他們在喝斷腸水；喝斷腸水不需要品味，因此不經過舌頭。據我有限的餐飲酬酢經驗，比較喜歡跟楊牧同桌飲酒，他喝酒例不亂敬，談笑間總是從容飲下一杯又一杯，我總覺得他面前的杯中物特別不同，好像比我手中這杯還可口。

聽說常喝紅酒可以預防心臟血管方面的疾病，有人更援引醫師的話，說喝紅酒、做愛、散步都是健康、長壽的好辦法。有些朋友善意地提供偏方：紅酒泡洋蔥，對於降低血脂肪、膽固醇甚有療效。加洋蔥的紅酒變成什麼藥水？既然只為了療效，為何不乾脆請醫師開處方？至於我，寧願偶爾淺酌一小杯美酒，也不肯每天灌一整瓶紅藥水。

——一九九七年

# 論飲酒

聖·奧斯伯里筆下的小王子旅行宇宙時，看到一個酒鬼沈默地坐在堆積的酒瓶間，疑惑地問：

「你在那裡做什麼？」

「喝酒。」酒鬼悲愁地回答。

「為什麼要喝酒？」小王子問他。

「為了遺忘。」酒鬼說。

「遺忘什麼？」小王子同情地追問。

「忘記我的恥辱。」酒鬼垂下頭。

「什麼恥辱？」小王子想幫助他。

「喝酒的恥辱。」酒鬼說完，又陷入深沈的沮喪中。

# 1.

日常生活中每逢節慶喜筵，必杯觥交錯，盡興而後歸；無論新知或舊雨，洗塵送行免不了觴至傾杯；騷人墨客在面對山川日月時，詠志賦詩，也少不了要把盞臨風，蘊藉風流一番。一滴酒香往往可以招回許多遙遠的性情。情欣時，「揮茲一觴，陶然自樂」；失意落寞時，一口濃醪循舌尖緩緩流進胃腸，馴順地，注入血管，安慰每一個傷心的細胞。

朋友常說：「喝酒傷胃，喝多了傷肝，不喝傷心。」酒之迷人，可以概見。而酒之醨薄，飢則濡枯腸，寒則若挾纊；酒之醇厚，更是醉臥沙場不知日暮。酒，只有閒者能飲，能偷得浮生半日閒，的的確確就是福。我常想，一個人自幼至老，過著嚴謹規矩的三餐作息，滴酒不沾，生命裡大約就會少了一片蔥蘢吧。寧可拚一副酒肉肚皮，不可有一張酸菜面孔，是我對生命最固執的偏見。

希臘神話對酒神戴歐尼色斯（Dionysus）的記載是：頭戴常春藤，身披幼鹿衣，手執雙耳酒杯和兩串葡萄，後面隨從一群仙童仙女歌舞奏樂，大夥邊吃葡萄邊喝酒，走向天涯地角，到處傳授葡萄栽培法和釀酒法。戴歐尼色斯行跡所至，薰風吹響笛韻，花草樹木也都面露欣喜，婆娑舞在苔氈上。準此，則酒應該是一種宗教文化，象徵豐腴、繁殖和奮發上進，也是人類對於基本熱情的一項認知。在早期對酒神的祭祀儀典中，酗酒縱慾被視為宗教衝動的一環，不會遭到杯葛，人們也漸漸從這祭典的歌舞，肇始了偉大的希臘悲劇。

## 2.

我第一次邂逅酒是在童年。那是夏日午後，隔壁開夜總會的人家客廳早已經杯盤狼藉，一個穿制服的胖警察醉倒在地板上，氣似奔雷，肚皮如波浪般起伏，幾個大人忙著把他抬上沙發，清洗嘔穢的地板，我們這群孩童紛紛指著他尿濕的褲襠笑呵呵。

小學低年級時，一個同學常炫耀他口袋豐裕的零用錢。原來他老爹酷嗜杯中物，每飲必醉，每醉輒慷慨散財。據我所知，他父親的脾氣極其暴躁，心情稍微不順即飽家人以老拳，不修理孩子的時候大概只有灌酒的時候，那時候，暴君忽然變得和藹可親，並且十分合作，閉著眼睛一給就是十元鈔票。他那意氣用事的爸爸讓我瞿然發現，酒，竟有化暴戾為祥和的積極效用。卓別林的電影作品《城市之光》裡那個富翁每次喝醉時，就熱情擁抱救自己一命的流浪漢，醒來卻翻臉不認人。我們為電影中誇張的動作捧腹大笑時，不免感傷地期待：但願那個酗酒的富翁長醉不要醒。

在求學的歷程，我開始留意到這杯中物，也漸漸對它產生好奇；古人飲酒的風雅掌故，更澆灌著興趣。我生長的家庭比較保守，對於那種「料峭春風吹酒醒」的境界，表面上一直不敢主動追求。直到高中時期。

我雖不曾好好做過一次乖學生，大專聯考的壓力卻使我不安心早睡；雖然晚睡並不一定就是為了準備考試。那年夏天好像特別熱，心情顯得特別慵懶，我與同窗好友阿輝讀小說讀倦了，半夜到街角的麵攤吃了一碗牛肉麵回來，意外地發現一瓶金門高粱，我們相視莞爾，彼此有一種探險的緊張和興奮。「來，三盃和萬事，一醉解千愁！」「酒逢知己少，詩向會人吟。」古詩的浮憶益令我們氣壯，一瓶高粱被我們用喝啤酒的方法解決後，立刻就歪倒在地板上，直到第二天近午才昏沈沈趕到學校：宿醉的痛苦使我好久不敢再惹這種白乾。幾年前我回高雄，撥了許多電話找不到阿輝，彼此失去了連絡，據說他經營一家工廠，為生意的拓展而忙碌，我只好在獨酌的時候祝福他事業成功。不知何時能有機會再共醉一宵？

金門是一座不能不飲酒的島嶼。我在那裡服兵役時，重新正視高粱，並且練就了一身酒膽；雖然酒量沒什麼長進。我們部隊渡海登陸後即住進花崗岩坑道裡，坑道頂滴水，地面流水，石壁上也汩汩然滲出泉水，天地間一片濘濕。老兵們諄諄告誡，睡前飲一小杯高粱可袪風濕、防關節炎，我因此在那十八個月的坑道生活，養成睡前小酌的習慣，不知不覺遂與高粱結下感情。高粱這種酒，性情不很友善，容易讓初嚐的人膽怯，但唯其酒勁十足，更見飲者的豪邁，豪邁中的深情；張藝謀導演的《紅高粱》，描述燒酒鍋新酒初釀，每個人都喝盡一大碗高粱，齊唱：「喝了咱的酒，上下通氣不咳嗽；喝了咱的酒，滋陰壯陽嘴不臭；喝了咱的酒，一人敢走青殺口；喝了咱的酒，見了皇帝不磕頭。」這是我聽過最動聽的歌之一。

## 3.

如果沒有酒，整部中國文學史會顯得多麼寂寞。我因為能喝兩杯，心目中景仰的英雄豪傑如陶淵明、李白、杜甫、張旭、蘇東坡、武松、林沖……又都是特立獨行的飲者，自然喜歡結交善飲的朋友。然則我的朋友泰半不解飲。酒量最行的可能是渡也，聽說他獨盡一瓶威士忌能面不改色，談吐舉止猶不失其度。我為了證實傳說不誣，曾經赴嘉義和他喝啤酒，兩人邊喝邊聊，從晚上喝到凌晨，共喝了六十瓶。

我資質愚駑，飲酒以來，還未有獨到的心得可以報告，但對於解飲的風流高士卻十分仰慕。張心齋說：「上元須酌豪友，端午須酌麗友，七夕須酌韻友，中秋須酌淡友，重九須酌逸友。」如此看來，解飲的人還要善酌，善酌的人還不能缺少酒友。酒過三巡，常見真性情，只有能夠互相傾訴、彼此擁抱的朋友，一起喝酒才不會有言語索然的應酬感。《聊齋》描述車生以狐為友，便是因飲酒而結成的莫逆。我良朋幽邈，飲酒之道有待體悟，平常是無時無刻不可斟酌，而且各種雜酒也未加選擇，來者不拒。據說當年元結以公田米釀酒，貯藏在石魚湖石魚凹處，酒徒們歡醉中伸手向魚取酒，酒舫觸波濤往來歌唱；這樣的豪興等閒不能至，但衷心非常嚮往。

飲酒飲到八分醉已漸漸失察酒力，豪氣向膽邊生，一杯接一杯，乙醇在血管裡奔騰呼嘯，不但動作開始誇張，感官也十分卡通，終於嚅嚅囁囁，語無倫次，繼而手之舞之足之蹈之。飲酒必須有限度，能夠知所限制是一種智慧。

美酒，最好能飲到半醉為止；正如好花要看到半開時，給一切美好的預留口味的空間。我始終以為飲酒飲到微醺時的境界最佳。這時候，時間空間俱縮小到只有現在，只有自己，緊張的神經系統放鬆，憂鬱也可能變得美麗；而且旁人見你有幾分醉意，便紛紛勸說提早歇息——像哄小孩那樣，那樣還可以領受到給人疼惜的溫馨。飲酒若拚到「止則操卮執觚，動則挈榼提壺，唯酒是務，焉知其餘？」已經是酒鬼行徑，不足為訓了。

古人桑麻閒話，樽酒消憂；現代人擠公寓趕公車坐辦公室，旦夕在一個框框裡作息，不免更要舉杯澆愁。愁，顯然又難以澆熄，則幾杯黃湯下肚，一股勇氣往上衝，於是藉酒宣洩，把所有的憂傷、侘傺統統交給酣暢淋漓的哭泣。這也是酒的正面意義。平常我們甚至不太敢哭，若能在想哭的時候勇敢地哭一場，大約就達到悲劇所謂的淨化作用了。生命是不宜有太多陰影、太多壓抑，最好能常常邀請陽光進來，偶爾也釋放真性情，這樣人際間才不會有那麼多非必要的裝飾吧。

借酒澆愁的實際成效難以肯定，但酒入愁腸，化作相思淚則屢見不鮮。我在念藝術研究所時，結識一位念政大中研所博士班的室友，他是英俊高大的韓籍留學生，每天過著讀書、戀愛的神仙生活。有一天他憂鬱地敲我房門，無助、沮喪地說：「我失戀了。」並表示希望能找個人聊聊，排遣心中的苦楚。

我趕緊推開書，準備搬出茶具泡茶待客；他卻從塑膠袋裡鄭重取出兩罐臺灣啤酒，顯然已打算借酒澆愁。他傷心落淚，囁嚅說過去如何和法國女友相戀，現在她又如何絕情離去，他傷心極了，仰頭皺眉，舉杯灌了一口啤酒。不知是愁苦還是酒苦，澆愁用的酒從嘴角迴流出來。原來是他不善飲酒，酒量太淺，像這種罐裝啤酒，我最多四口即輕易下肚，他卻用非常悲愁時那種「一切都豁出去了」的表情狠狠地灌了二、三十次，才解決掉半罐，其中還有部分是從嘴角迴流出去浪費掉的。即使如此，那半罐啤酒已令他泥醉，他滿臉通紅，踉蹌扶著牆壁，結結巴巴地說：「謝謝——你——聽——我——我——講話——」

## 4.

我已經很久不痛飲了。比較常飲酒的日子是在大學求學階段，當時居住一座偏僻的山谷，開門水聲激激，溪澗不逾十公尺，開窗鳥鳴啾啾，山一尺之內可觸。四年期間，通常是惸惸獨酌，是夜晚，主要的原因是沒有對酌的友人。有時星月皎潔，從山路散步回來，顧影獨盡；有時長夜孤寂，邊讀書邊料理案前的酒；而連月不去的霏霏細雨令人猶豫慌張，酒興索然，只能在風聲雨聲中展卷。

高新武檢察官因主動偵辦吳天惠夫婦涉嫌司法黃牛案而名噪一時，他每晚將太太、孩子哄上床睡覺後，固定要獨處一段長時間，並飲酒一杯，他稱這酒為「招魂酒」，意思是活在這個現實社會之中，難免會魂飛魄散，必須在夜晚獨對天人之際把「魂」給招回來。他說，招魂的時候，第一個湧上心頭的問題，是中國人為什麼有如此深的劣根性？

當年高新武廁身司法界，看盡官場的腐敗、貪瀆傳統，一杯招魂酒，上下五千年，所面對的無非是自己靈魂深處的困惑與掙扎吧。我猜想他喝的招魂酒是內省極苛、自律甚嚴的烈酒，每天能在內省中酩酊的人，才能在宦海浮沈中保持清醒。為了保持清醒而小酌，使我對這杯中物產生敬意。

陶淵明飲酒也很有招魂況味，他的詩幾乎都離不開酒，可惜後來飲酒成癖，欲藉酒麻醉胸中的苦悶，酒之於他已是一種藥物，用來治療胸中的不平，後來變成一種沉痼，幾度懊悔，頗有「止酒」的意思。

酒徒真正清醒時罕見，而清醒時常會感到不安，常憂慮現實不如夢境，因此還得依靠酒來祛除煩慮。說酒能祛除煩慮太誇張，常常，酒被視為是逃避的麻醉品，暫時遯出命運的捉弄；後來往往變成一種沉痼，甚至亂德亂性，闖出禍事。李永平《吉陵春秋》寫孫四房逼死了長笙，而吉陵鎮十年陰霾，諸般罪孽，其實只是孫四房和那夥小潑皮亂性，亂性的原因卻是喝酒。酒，原來竟是李永平在《吉陵春秋》中再三暗示的象徵啊。我讀完小說後不免心驚，酒，果然是人間孽業的催化劑嗎？

當飲酒成癮，荒廢事業，妨害健康，不免考慮要戒酒，但大部分人戒來戒去，每次信誓旦旦說這是最後一杯真的是最後一杯了，每次都暮不安寢，晨不能起，再破戒一次，直到臨終還埋怨飲酒不足。

我戒過五次煙，卻還不曾戒過酒，可見戒酒需要大魄力，「平生不止酒，止酒情無喜」。《李伯大夢》中的李伯就是一個斟酌過生活的人，一個經常發誓戒酒、也經常破戒的快樂人，因為家貧又貪杯，有一天被老婆用掃把像趕狗般趕出家門，狼狽地逃至山上過夜，因誤飲精靈們的佳釀而沈沈熟睡；再醒時，倏忽已二十載，髮蒼蒼而齒動搖，他這一覺從健碩的壯年睡成乾枯喑啞的老人，一切人事全非。李伯回到陌生的家鄉繼續飲酒，他對動如參商的人生舉杯：「我要拿這杯酒，祝大家全都健康，也祝大家和大家的家裡頭的，全都健康，願大家多壽多福。」

——一九九〇年

# 論酒食

# 1.

年紀漸長，我的酒量漸漸衰弱了，對酒的感情卻日益深厚，若非還得工作，我情願每天泡在酒裡。

酒是交際應酬的良媒，在活著的每一分鐘，我們可以輕易找到許多藉口喝一杯——朋友相聚要喝，離別時也要喝；吃飯時喝，吃飯後也喝；成功時要喝，失敗了也喝。我們常常舉杯起立，為某某人的健康乾一杯，卻不會說：為某某人的健康吃一碗飯。

酒具有一種要命的吸引力，危險卻予人快樂，讓人在興奮中誤入歧途。因此喝酒不免帶著些許自暴自棄的況味，介乎遺忘、喜樂之間。

夏禹也許是個好君王，卻不是一個有趣的人，他太禁欲了，生活不免乏味。《戰國策．魏策二》記載，夏禹的女兒叫儀狄釀酒，夏禹一喝之下甚為動容，深恐這麼好的美酒會令人墮落，非但未嘉獎儀狄，反而疏遠他，自己也從此立誓不再飲酒。

夏代最末的君王是另一極端，夏桀不顧蒼生死活，只在乎自己的縱慾享樂，這個敗家子「為酒池可以運舟」，令三千人牛飲，「醉而溺死者，妹嬉笑之以為樂」。商末另一個敗家典型是紂王，他變本加厲，不但以酒為池，更懸肉為林，使男女裸奔其間，作長夜之飲。兩個君王的宴飲無度，被認為直接導致王朝的滅亡。可見美酒與佳肴魅人，就像Siren的歌聲，美麗卻帶著危險性。上帝和撒旦本來就住得很近。

酒的魅力令很多人不安，深恐被迷惑，違背了長期遵守的規訓。對於酒之危害的道德教訓，中外皆然。托爾斯泰寫過一篇寓言故事，描述魔鬼千方百計都不能使善良的農夫變壞，最後誘惑農夫釀酒、喝酒才得逞。農夫喝到一定的程度，就變得像狐狸，互相欺騙；繼續喝，遂變得像野狼，彼此咒罵、毆打；最後像一頭豬，又髒又臭，癱在泥濘裡。故事結尾說：「只要他不停的喝酒，他就永遠是一個野獸！」

聊齋有一篇〈酒蟲〉，敍述劉氏嗜飲，每次都要喝上一甕，酒癮兇猛又總是喝不醉。原來是身體裡有隻酒蟲，這蟲終於被一位番僧引了出來。番僧謝絕酬勞，卻要走這隻酒蟲，說「此酒之精：甕中貯水，入蟲攪之，即成佳釀」。

## 2.

吃飯好像不能不喝一點飲料，至於喝什麼，端視吃什麼而定。現在流行吃水產喝白葡萄酒，吃畜肉大抵喝紅葡萄酒，這習慣就好像早餐吃三明治喝牛奶、吃披薩喝可樂一樣自然。

日本料理在油膩的食物之後，通常會上一杯粗茶，用來沖掉先前濃濁的味道，這動作我管它叫味覺歸零。法國料理的葡萄酒並無這種用意，而是品嚐，佳肴和美酒相遇，彼此協調、襯托，強調相輔相成，令菜肴更加美味，令好酒更加美妙。

酒具有深刻的內涵，它複雜，善變，不可能初接觸就能瞭解，我們必須摒棄成見，才有接近它的福氣。

有一個小氣鬼的笑話：他派傭人到地窖取酒時，為了防上傭人偷喝，規定嘴裡要先含一口水，直到取酒上來才准吐掉。然而傭人早在地窖裡放置水壺，他下到地窖就先吐掉嘴裡的水，狠狠飽飲一頓之後，才又含了一口水上來。這傭人後來說，若非主人那麼吝嗇，他永遠也不會想到去碰那些酒。

《古今譚概》載石裕造酒，竟入酒池中沐浴，洗好澡後說，「吾平生飲酒，恨毛髮未識其味。今日聊以設之，庶無厚薄」，這傢伙嗜酒幾近病態，那些洗過澡的酒自己喝也就罷了，若拿來販賣，未免缺德兼無衛生。

大二時，不曉得是否因為正在讀陶淵明，我每天從學校返回我賃居的山谷，例在山仔后買一瓶便宜的黃酒，燈下夜讀，邊飲黃酒、吃花生米，有一種「勿為醒者傳」的神秘快感。後來讀宋．蘇子美以《漢書》下酒，每夜讀至入勝處，就飲一大杯，似乎合理化了我的行為。

最近我參加一場醫師團體舉辦的品酒晚宴，那家五星級酒店的料理令人洩氣——明蝦不新鮮，牛排簡直難以入口。幸虧飲了近十款葡萄酒。同桌一位骨科醫師幾杯紅白酒下肚，慷慨陳述自己環球性的餐飲經驗，斷言臺北還沒有中餐館，目前自稱為餐館的中式料理，只能算是小吃店、路邊攤的擴大云云。我大驚，表示願聞其詳。

「你倒說說看，臺北有那一家中式料理可以稱為餐館？」他咄咄反問，並一一否決我的舉例，理由大抵是用餐空間簡陋、無侍酒服務。

我自然不能苟同這醫師的見解，不過現代餐館酒單的質量，確是判定該餐館等級的直接指標。

我見識過最多藏酒的餐館是澳門「Robuchon a Galera」法國餐館，和紐西蘭北島的渡假莊園「Huka Lodge」。胡卡莊園位於胡卡河畔，佔地遼闊，客房卻很少，它的酒窖頗具規模，相當氣派；客房是十幾間獨立小木屋，木屋外是修葺平整的大草坪，和水量充沛的胡卡河，房客可在自己的院子裡垂釣，並就地燒烤。

紐西蘭這種頂級Lodge，不能翻譯成打尖的客棧或山野小屋，它不似hut，不是cabin，其粗獷不在建築本身，而是周遭的大自然環境；那些山水其實也並不粗獷，倒是頗有庭園之美，不落鑿痕的設計和大自然歡樂地結合。也許，Lodge譯成莊園別墅，或渡假別莊比較貼切，總之，它提昇了Lodge的原來意義。這些莊園別墅都佔地廣闊，房間數卻少得令人驚奇，其實「建蔽率」已經清楚標誌了住宿品質，乃菁英中的菁英，講究的是高格調和高品味。

品嘗法國餐不能缺少葡萄酒，「Robuchon a Galera」的酒庫藏有三千兩百多種名酒，超過十萬瓶佳釀，這樣的規模使它在一九九九年即獲得美國權威評酒雜誌*Wine Spectator*頒發「最佳獎狀」，二〇〇五年更獲得「榮譽大獎」。目前全亞洲有三家餐廳得到這項榮譽，另外兩家在東京、新加坡。

## 3.

酒與食從來就難以分捨，有酒無食和有食無酒都很寂寞。

酒能增添筵宴的逸興，美饌若不適配佳釀，則酒、食宛如怨偶，各自的優點互相牴觸，反而凸顯彼此的缺點。

中餐尚未建立一定規模的酒食文化，食和酒各自獨立，互不相涉。許多料理高明的中餐館，酒櫃往往設在櫃檯，裡面擺著幾瓶高粱、紹興和劣質紅葡萄酒。無恥的是顧客自己帶酒進來，還有臉收開瓶費。

古人重酒而輕食，而餐桌上飲酒的目的純為熱鬧、助興，席間並無真正愛酒、品酒者。中餐酒席間舉杯四處敬酒時，常聽見這樣的提醒：「自己人，不要自相殘殺」。言下互相敬酒有笑裡藏刀的用意——用酒幹掉對方，令對方不支倒地。

誰真正在乎白乾、黃酒或啤酒？一杯在手，仰頸但求一醉，佐滿桌的山珍海味，或僅僅一碟花生米，並無差別。

有時爛醉如泥時的狂言醉語，乃至舉止失態，能提供友朋間的笑談；可我無法忍受宴飲時有人發酒瘋。美酒配佳肴，也應搭配有文化教養的飲者，蓋筵席擺得闊綽，卻舉止粗魯，不免污辱了酒食。

但求一醉說不定有些深刻的哲學意涵，騷人墨客往往寄託著複雜的思想情緒，李白〈將進酒〉可能是我飲酒的啟蒙詩，我高中時就愛極了詩裡豪飲的氣概，和灑脫的性格，隱約彷彿就覺得詩裡暗藏著某種了不起的豁達。不過詩仙「三杯通大道，一斗合自然」的氣概適合啤酒、小米酒之類的飲品；卻不好用來灌葡萄酒、白蘭地、威士忌。

蘇東坡頗嗜杯中物，卻苦於缺乏美酒，公賣的酒又貴又難喝，只好閉門自釀，可惜還是失敗。我覺得他有一點自暴自棄了，「甜酸甘苦，忽然過口，何足追計，取能醉人」。飲酒，如果只求醉得恍惚，有許多藥品可以代替，快速而有效，委實不必浪費我們的時間。

今年十月我籌辦的飲食文學與文化國際學術研討會，刻意安排了一場「文學宴」，招待與會學者。「酒黨」黨魁曾永義老師顯然不習慣喝葡萄酒，微醺地埋怨我沒有準備高粱酒：「本黨用高粱酒統一兩岸」。

吃飯時喝什麼酒呢？中國自古即非穀物酒的天下，李白「蘭陵美酒鬱金香，玉碗盛來琥珀光」，喝的是山東蘭陵的地酒，一種鬱金香釀的酒，色澤深黃，透明如琥珀；至於「葡萄美酒月光杯」，自然是當時異常珍貴的葡萄酒了……

白乾固我所愛，可白乾剛烈的性格像魯智深，直來直往，稜角太分明，缺乏層次感，有時還真不適配精緻的食物。一九九〇年冬天，劉心武請我在北京街頭吃涮羊肉，飲二鍋頭；涮羊肉與二鍋頭真是絕配，我吃掉三斤羊肉、喝掉兩斤二鍋頭，那是我飲白乾最痛快的經驗。

## 4.

醉酒和消化不良的人都不是美食家。喝酒不是為了解生理之渴，不懂酒的人才會拼酒。我很怕吃飯時出現別桌熱情的陌生客人，端著酒杯走過來，逐一乾杯，灌酒。

有人習慣在酒裡胡亂添加東西，諸如啤酒加番茄汁、米酒加保力達、紹興酒加酸梅、紅葡萄酒加洋蔥……酒不是咳嗽藥水，絕不能捏著鼻子用灌的。尤其紅葡萄酒，喝得太快，往往會錯過隱藏在單寧（tannin）裡的細節。

單寧是紅葡萄酒的主要成分之一，來自葡萄的皮、籽、莖梗和橡木桶，它能引起口腔組織的收斂感，在波爾多、勃艮地、隆河河谷的名酒中含量偏高，葡萄酒醞釀陳年時，酒變得越來越精緻，單寧也會因沈澱作用而變得柔和。我們習慣飲紅酒吃乳酪，乃因乳酪能柔化單寧度。

古詩文鮮見現代品酒學那樣直接敍述酒的味道，多含蓄婉轉，間接描寫，如（南朝·

陳）張正見〈對酒〉：「風移蘭氣入，月逐桂香來」。大部分的酒都需要小口品嘗，啜飲。一次喝一口酒和一杯酒的愉悅相等，何不延長、增加愉悅的次數和總量？愛德華七世：「One not only drinks wine, one smells it, observes it, tastes it, sips it, and talks about it.」這句話幾乎就是品飲葡萄酒的步驟，和學習葡萄酒的方程式了。

葡萄酒是所有飲料中最普遍受歡迎的種類，也是至今最適合用來佐餐的飲品，葡萄酒的門道深厚人盡皆知，葡萄酒學突飛猛進卻是當代的事，直到一九五〇年代，大部分法國人喝紅酒還加冰塊或水。

法國學者Jean-Robert Pitte在《酒與神》一書中指出：「現代釀酒學中有個幻覺，覺得只要嚴格控制溫度，並採用篩選和複製過的酵母，就可以克服生命現象的無常和一發不可收拾。這樣的釀酒師充其量只能做出沒有靈魂、無法感動人心的技術酒（vins technologiques）」。技術酒指釀造過程中經過許多人為加工的葡萄酒，這種酒通常多很順口好喝，但制式的酒香並不會隨著時間而起變化，並且無論產自何地，味道都一樣。好的釀酒師傅之所以偉大，在於能夠將某個產區和年份的精神和精華，重現於他們的酒作當中。

我素來不喜甜酒。品酒學稱糖分較高為「過熟」（surmaturité），這種酒的氣味通常較淺薄，平凡，乏層次，了無餘韻，像滿嘴甜言蜜語的人，很容易擄獲人心。這很無奈，木訥者或外表嚴肅的人，本就不好讓人一下子就親近。

然則也不能一概而論，Moscato葡萄釀的酒充滿花香和果香，微甜，又不至於膩，降溫至6℃～8℃，很適配餐後飲用。Villa Moscato和Casa Brina Moscato D'Asti都不貴，是我在家常用來搭配餐後水果或甜點的白葡萄酒。

路人皆曉白肉配白酒、紅肉配紅酒的通則，然則猶有些講究，日本漫畫《神之雫》第三集敍述以路易．佳鐸（Louis Jadot）村名夏布利（Chablis）搭配生蠔十分精采，價錢和知名度都遠不如一級園的韋爾傑夏布利（Verget Chablis 1er Cru），和夏布利地區最出名的馮索拉．拉芙諾（Francois et Jean-Marie Raveneau）可比。蓋生蠔配夏布利雖是法國料理的慣例，然則高檔夏布利豐富的果香、強烈的木頭煙燻味，香醇則香醇矣，卻消除了生蠔的鮮美，反而凸顯它的腥味。那款較廉價的夏布利村酒的風土條件和生蠔完全適配，乃因夏布利村石灰質土壤，從前沈在海底，土壤中含有無數生蠔貝殼，葡萄樹吸取了那種土壤的礦物質，彷彿和生蠔在幾億年後重逢。

我越來越歡喜原創性強的葡萄酒，品酒學的地華（terroir）概念，指的是葡萄園的環境和性質，如土壤、地形、氣候，帶著風土條件的意思。蓋各地葡萄園的土壤成分不同，種出來的葡萄不同，釀出來的酒亦味道相異。這點跟茶相似。

## 5.

跟知交好友飲酒最痛快，尤其久別重逢或即將分離，只有酒能瞭解狂喜和憂愁。唐高宗末年，駱賓王被貶，李嶠設宴餞別，從晚上喝到天亮，「星月懸秋漢，風霜入曙鐘」，酒令他暫時忘記離愁。不過，駱賓王的酒量似乎比較好，越喝越生離愁：「芳樽徒自滿，別恨轉難勝」。

葡萄酒自西域傳入中國，大約在胡人開的酒店飲葡萄酒才對味。章孝標〈少年行〉：「落日胡姬樓上飲，風吹簫管滿樓聞」；以及賀朝〈贈酒店胡姬〉：「胡姬春酒店，弦歌夜鏘鏘」，都很像北投酒家的光景。

唐開元、天寶年間，流行胡服和胡食，胡人從西域遷居到中土，在長安、洛陽等地開了許多酒店，那些金髮碧眼的胡姬賣酒，頗富異國情調；最關鍵的是胡姬除了賣酒，還可以留客夜宿。難怪李白、岑參等人都有不少詩歌詠洋妞當壚的情景。

面對美酒佳肴乃人生快事，不免想引吭高歌，一唱起歌輒想起某人，或不免懷念某件事。嵇康隱居在山陽時，常和朋友遊樂飲酒談玄，「臨川獻清酤，微歌發皓齒。素琴揮雅操，清聲隨風起」。歌聲往往隨著酒的消耗量而提高，（南朝．梁）張率〈對酒〉描寫「君歌尚未罷，卻坐避梁塵」，頻率高到震落屋梁上的灰塵。

喝酒時我歡喜孫大川在場，他是卑南族，幽默風趣又爽快，大家都叫他卑南王，添酒時，他總是眼睛發亮，高興地說：「滿了就好，滿了就好」。酒過三巡，卑南王往往會開始唱歌，他好像什麼歌都會唱，唱了歌就怨嘆：「你們漢人好奇怪，喝酒都不唱歌的！」

那晚的「文學宴」在卑南王帶動下，與會學者紛紛獻唱，臺大張小虹和北大夏曉虹兩位教授飆歌尤其驚豔全場。除了歌唱，雅食佳釀是如此令人快樂，自古筵宴即發展出餘興遊戲以娛佳賓，如射箭、投壺、舞劍、奏樂、舞蹈、賦詩、酒令、徵聯、看戲、說笑話……《詩經・小雅・賓之初筵》描述賓主的射箭比賽，射中者有資格大杯飲酒；曹操在長江上舉行宴會，橫槊賦詩；《紅樓夢》描寫宴飲時的擊鼓傳花、說笑話、行酒令等等，皆呈現飲食文化氛圍的傳統。

多年前，夏志清教授宴於哥倫比亞大學旁一家中餐館，飯後甜點是一種空心餅乾叫「幸運餅」，裡面藏著一張小紙條，都寫著些令人愉悅的吉祥話，這是美國中餐館的創意遊戲。

古時候有水濱宴飲的風俗，流水聲，音樂聲、誦詩聲共譜美酒與佳肴的戀曲。我一直很羨慕當年王羲之、謝安等四十一人在蘭亭過上巳節，行曲水流觴之戲，這種郊遊踏青帶著詩會性質，太高明了，希望來日設計一套當代的曲水流觴野宴。

一個人單獨吃飯，鮮少開酒好整以暇地品飲。美酒佐佳肴通常是兩個人以上的事，邊吃邊聊邊喝，情感得到交流，心理感受也更豐富，身心靈都飽足了，快樂了。

我好像是因為愛酒才來到人間的，親愛的朋友，我吃飯時如果忘了喝酒，請提醒我。

——二〇〇七年

# 論櫻桃

其實我已經飽了，倚在樹下，忍不住又抬頭張望著那些櫻桃，一顆顆脹得好像要滴落果汁。我知道櫻桃經過冰水清洗，再冰鎮幾分鐘才入口，味道最佳；卻不曾想像在櫻桃樹下邊採邊吃，是如此感動人心。我起身，繼續摘成熟碩大的雷尼爾（Rainier）櫻桃，隨手往上衣擦拭即送入口中。

果園裡不時爆出瓦斯槍的巨響，我知道那不是在恐嚇我，是用來嚇走企圖覓食的鳥。雷尼爾櫻桃名字源自Rainier山脈，是目前最受歡迎的櫻桃品種，金黃的表皮透露著紅暈，飽滿，鮮艷，閃耀在光影間，十分誘人。

直升機來了，盤旋在果園上，忽然狂風大作，螺旋槳一下子就把果樹上殘留的水漬吹乾了。在櫻桃園，直升機是昂貴的吹風機。

櫻桃果然是嬌貴之軀，需要在日照充足、晝夜溫差大、雨量稀少的溫帶沃土成長；開花時節，為防寒害，果園裡設有巨型暖氣和風扇；果實成長期尤需細心呵護，為增加日照，樹下總是鋪著鋁質反光紙。採收期尤其怕下雨，蓋沾在櫻桃上的水氣一經日曬即易腐壞，不幸遇雨，果農輒租用直升機在上空吹風。採收後立刻清洗，分級包裝，冷藏，在第一時間搭飛機出國。臺灣和日本，每年吃下全球最多高品質的櫻桃。

在華盛頓州旅行的十天，我每天都吃到新鮮的櫻桃，和各種櫻桃製品如布丁、派、餡餅、蛋糕……櫻桃帶來每個明亮的一天。

夏天最令人神清氣爽的餐點莫非一盤簡單的沙拉——細長的夏蔬，再以新鮮的西北櫻桃強調出來。從前我對生菜沙拉不甚了了，總覺得像牛馬在吃草，不知如何入口。是西北櫻桃改變了我的偏見。我幾乎每餐吃到這樣的沙拉組合：去籽對切的櫻桃、胡蘿蔔、芹菜、豌豆仁、洋蔥、薄荷葉。沙拉成功的關鍵，主要是醬汁和蔬菜的爽脆口感。醬汁無論調得多麼美味，都很輕易消滅蔬菜的爽脆口感，訣竅是醬汁注入碗盤後，食用時才覆上蔬菜，翻拌。而櫻桃，在一盤沙拉裡扮演了要角，多汁，富個性的風味，甜蜜了脆爽的蔬菜。

那是夏天的呼吸吧。葡萄牙作家路易斯·蒙特洛（Luís de Sttau Monteiro）的小說《痛苦的晚餐》敍述自卑的安東尼奧有幸邂逅妓女阿列桑特拉，並享受了一頓她親自調理的晚餐，在浪漫的夜晚，兩個人都喝醉了，阿列桑特拉告訴他：在葡萄牙，吃到好東西就說「有點櫻桃味」。有些葡萄酒也標榜其氣味帶著「成熟的櫻桃香」。

然則櫻桃未必都令人聯想到甜美，阿爾巴尼亞詩人米吉安尼（1911-1938）喻成熟的櫻桃為年輕的山區女人的血液，紅通通的色澤宛如她的嘴唇，和愛情成熟的心房；纍纍的果實壓得樹枝垂墜下來，象徵貧困的山區環境折磨著懷孕的女人，正如宋代詩人蔣捷所詠：「流光容易把人拋，紅了櫻桃，綠了芭蕉。」。米吉安尼的櫻桃，帶著苦澀的美感，和對幸福生活的渴望。

唐人喜食櫻桃，謂之為「紅運果」，其外形向來被騷人墨客喻為美女之唇，白居易的小妾樊素，她紅潤豐美的嘴唇，很像鮮艷多汁的櫻桃，「櫻桃樊素口」遂流傳千古。白居易作了不少櫻桃詩，他曾在一首排律中贊歎皇帝賜食櫻桃，其中有幾句直接描寫櫻桃的顏色、外形，並奚落別種水果，以襯托櫻桃的滋味無與倫比：

熒惑晶華赤，醍醐氣味真。
如珠未穿孔，似火不燒人。
杏俗難為對，桃頑詎可倫。
肉嫌盧橘厚，皮笑荔枝皴。
瓊液酸甜足，金丸大小勻。

大概沒有人會覺得櫻桃不漂亮的，果實漂亮，開花時絕美，劉禹錫的五絕〈櫻桃花〉描寫櫻桃樹開花的盛況：「櫻桃千樹枝，照耀如雪天。王孫宴其下，隔水疑神仙」。美好的事物總是跟天上宮闕相比擬。

當時白櫻桃就比較少，唐詩中我只讀過李白和韋莊所詠〈白櫻桃〉，兩人寫的都是七絕，李白在唐人中堪稱見多識廣了，品嚐白櫻桃後贊道：「紅羅袖裡分明見，白玉盤中看卻無。疑是老僧休念誦，腕前推下水晶珠」。韋莊所作更視為仙果：

王母階前種幾株，水晶簾外看如無。
只應漢武金盤上，瀉得珊瑚白露珠。

從前我就聽說吃櫻桃如何有益健康，尤其是像我這種血脂肪、血尿酸濃度高的嗜肉者。多年前，我在洛杉磯初次見識到加州的「白櫻桃」，可謂一見鍾情。後來我知道白櫻桃就是霍格爾（Harold W. Fogle）博士研發出來的雷尼爾櫻桃，低酸度，果糖風味更勝於稱霸已久的Bing。如今驚艷西北櫻桃，方知天外有天，不過大啖雷尼爾櫻桃，心裡總是浮現一絲不安——這樣美好的東西不應獨享，最好能和至親好友共享。

彷彿是夏日戀情，芬芳和甜美在口腔裡綻放。

櫻桃是夏天的主角，我甚至認為，打開冰箱要能一眼就望得見。它是一種風味獨特，又親和力十足的水果；在沙拉中，無論口味或色彩，輕易可以混合其它蔬菜、水果，跟蝦、蟹和肉類也能快樂地結合在一起。

西雅圖Ponti海鮮餐廳，就用雷尼爾櫻桃搭配燒烤鮭魚，廚師先以鉗子拔除鮭魚的T骨，然後邊擺動魚身邊去皮。那魚約烤了三分鐘即離火，淋上特調醬料，再覆上櫻桃和藍莓。這道菜的美，照亮了四周的空氣。

在西雅圖，凱絲標榜她的飲食工作室（Kathy Casey Food Studios）為「現實性餐廳」，餐廳不僅是用餐的空間，同時也是一個表演的場所，她消除餐廳、廚房的界限，請食客將食物裝盤，並加以點綴，將廚藝、食物、用餐情境渲染出熱鬧、歡樂的氛圍。剛開始，凱絲一邊上菜，一邊在旁解說食材與作法。準備上主菜時，她分批請客人進廚房，先洗淨雙手，各自將菜肴放進盤子裡，再分別淋上醬料，裝飾櫻桃和香草；然後讓賓客擔任侍者端著食物步出廚房，分給同桌的友人吃。這種團體遊戲自然是噱頭，企圖通過食客的參與，製造出遊戲的歡樂感。

櫻桃季，凱絲完全將櫻桃設計入菜單中，那晚，我在她的工作室吃到了櫻桃盛宴，一進門就喝了三種櫻桃雞尾酒，配櫻桃山羊乾乳酪、藍乳酪醃漬櫻桃。喝完卡布其諾野菇湯，陸續吃盪磯尼斯（Dungeness）蟹拌酪梨、櫻桃沙拉，串烤野生鮭魚配櫻桃，豆苗蘸櫻桃醬汁；最後是她家後院種植的有機櫻桃樹所產製的各種櫻桃甜點，櫻桃凍糕、櫻桃冰淇淋、櫻桃蜜餞，和自製櫻桃甜酒。凱絲的廚藝接近魔術，讓缺乏記憶力的舌頭也印象深刻起來。

我在下榻的W酒店的海陸餐廳（earth & ocean）吃了另一頓櫻桃風晚餐：從開始的點心到結束的餡餅，莫非櫻桃。海陸餐廳的餐盤，大大小小的方弧形瓷盤，美式的法國料理，帶著一種極其高雅的風格。開胃點心即是一碟櫻桃——除去櫻桃籽，塞進純白的Cheddar乳酪。接下來是沙拉，除了櫻桃，還使用新鮮杏仁、嫩萵苣葉、西洋蔥、加州藍乳酪，再以雪莉醋、橄欖油、櫻桃醬汁混拌，這盤沙拉的味覺表情相當豐富。

主菜是烤豬腰肉。前一夜先以橄欖油、紅糖及多種香料醃浸豬肉，略煎後再烤三十分鐘，然後淋上櫻桃醬汁。本來我對這道主菜沒有信心，一般煎烤精肉厚片，很難美味，主要原因乃缺乏油脂調和，煎烤後難免有柴澀感。這塊精肉不知是因為醃泡一夜的香料起作用？或感受了櫻桃醬汁的溫存？竟帶著柔軟的嚼感，並暗中透露出迷迭香、百里香的芬芳。

我在鴉棲瑪（Yakima）最好的餐館「樺莊」（Birchfield Manor）所品嚐的「嫩煎豬腰排和鮮鴉棲瑪櫻桃沙拉」，經驗了類似的肉感。那豬排並未先醃浸過，只先輕輕敲平，灑上胡椒粉和鹽，即下鍋油煎，調味關鍵在於蘸櫻桃醬汁，使可能單調的豬排產生巧妙的變化；咀嚼間再搭配新鮮櫻桃、洋蔥丁、胡荽葉末、蕃茄丁、綠椒丁、松子所組合的沙拉，口感更增添繁複。我記得那美麗的夜晚，明月璀璨在窗外，一口豬肉，一口鴉棲瑪河谷所產的Portteus紅酒，時光忽然顯得好悠長。

不曉得是否心理作用，我老覺得那紅酒帶著「成熟的櫻桃香」。

櫻桃的生長季節短，十天的櫻桃之旅，始終有一種享受的迫切感，接近一種想要掌握幸福的迫切感。可惜櫻桃產季快過去了，依依不捨，恍如要和戀人分別一年的離情。

——二〇〇二年

論餐館

# 1.

燈節期間，南門市場旁一家小吃店生意興隆，客滿了，桌椅竟排到人行道上，恐怕同時有七、八十個客人在用餐吧。其實我常散步來這裡吃滷肉飯和鼎邊趖。這晚也許客人太多了，店家應付的能力未逮，侍者個個臭著一張臉，好像被所有上門的顧客得罪了。

鼎邊趖上桌，嚐了一口，竟是微溫，顯然早就舀出來等待食客。不久，滷肉飯也丟在我桌上。我忽然升起乞食的屈辱。

服務是文化水平的指標。除非大飯店，臺灣的小吃店通常這樣無禮；只要生意稍微興隆，店家的態度總是傲慢的，忘了自己從事的是服務業。反而食客多相當溫順，謙卑而沉默地低頭嚼食，我尚未見過有人因遭店家怠慢而掀桌咆哮。

一九八九年我初訪中國大陸，用餐經驗相當不堪，十三億人好像都在生悶氣，我走到那裡就被罵到那裡，晚餐稍晚走進食堂立刻被轟出門。在北京，吳祖光、吳霜父女邀我到鐘鼓樓品嘗風味小吃，昏黃的燈泡下，只有角落兩張板凳，我讓他們父女坐，問老闆娘還有沒有座位?不料她竟指著我的鼻子開罵:「你不會站著吃啊!」我背著背包,端著一碗油膩、滾燙的餛飩湯惶恐立正,不敢亂動,深恐再遭斥責。

古時候,華人餐飲服務原非這麼無禮的,孟元老《東京夢華錄》記載北宋京城食店的行菜(即後世之跑堂),「百端呼索,或熱或冷,或溫或整,或絕冷、精燒、臕澆之類,人人索喚不同」,這跑堂一一記在心裡,再報知掌灶。菜肴準備妥當,「行菜者左手杈三碗,右臂自手至肩,馱疊約二十碗,散下盡合各人呼索,不容差錯;一有差錯,坐客白之主人,必加叱罵,或罰工價,甚者逐之」。我們從未奢望服務員具備這類的技藝,我們又沒做錯什麼事,但願吃飯時賞賜一點和顏悅色。

好餐館的服務員都朝氣蓬勃,動作俐落,不管多麼忙碌,都必須維持親切的笑容與殷勤的態度,令自家餐館充滿活潑的氣息。

餐館品質關係了當地的文化水平。我在外國用餐,未曾遭遇服務不周的餐館。慕尼黑的豪夫布勞豪斯(Hofbräuhaus)啤酒屋,偌大的賣場,同時宴飲的顧客恐怕上千,卻不曾見過任何侍者面對顧客時缺少笑容和禮貌。更別講日本的餐廳了,日本每一家餐館,飯菜端出來,總是恭敬地欠身說:「請慢用」。

在臺北,我常看到一些小吃店業者總是臭著一張臉,狀似吞了炸藥。餐飲是服務業,缺乏積極服務的態度，不如趁早改行，何必折磨自己。

## 2.

一九四九年以前臺北還沒有餐館，在外宴客得去大稻埕的酒家，諸如蓬萊閣、新中華、小春園，乃成了臺灣最早期精緻餐飲的代表。

西方餐館出現於法國，隨後普及於歐洲。感謝第一個餐館老闆，他為不同的菜肴定不同的價錢，提供食客更多選擇的可能，此人真是充滿洞察力和想像力的天才。

餐館，我指的是具商業屬性的用餐空間，其業務是根據顧客的需求提供吃食，菜肴有固定的份量和價錢，便利不開伙者，安撫出外人的胃腸。有了餐館，我們不必羨慕古代的貴族巨賈，可以隨興去用餐，隨興享受各種美食。

餐館的別稱很多，諸如餐廳、酒家、酒樓、食府、飯店、飯館、菜館……超過百種。命名的方式，起初多以姓氏定名，後來追求高雅，逐漸重視修辭美，也向詩文取材，如「對酒當歌」、「杜康故里」、「河陽風月」、「杏花在望」、「聞香下馬」……

有些餐館因為騷人墨客常來吃飯喝酒，後來遂成為風景名勝，宋代的「黃鶴樓」、

「岳陽樓」、「潯陽樓」，召喚了華人的思古幽情。

美食大抵能夠被深刻記憶，深沉地，從純粹的感官經驗昇華到精神層次，它往往具有某種神秘的氣息，有時像愛情撩撥。古斯塔夫．索賓（Gustaf Sobin）在《尋找松露的人》中描述主人翁藉著吃松露進入夢境，和亡妻在夢中重逢。彷彿美食的遊戲，只要吃下松露，當晚就會夢到她，而且夢境豐富；松露使愛妻的形象更加鮮明，也影響著他的心智。

夏目漱石三十三歲時公費留學倫敦，在倫敦住了兩年，很多人相信他後來罹患精神衰弱，是因為倫敦的食物太難吃。英國食物也許真的較乏味，但應該不至於吃了會得精神官能症的地步。

然則美味是什麼？它包括了優質的農牧產品、地方特色、高超的烹飪技藝、感官的愉悦、合理的消費機制等等。

奧地利科學家史坦納（Rudolf Steiner）創立自然動力農耕法（biodynamie），這種栽培法的基本原則之一是自給自足：第一階段是令耕種土地面積、草原與牲畜之間找到平衡，降低購買飼料、肥料的數量，達到和自然界和諧共處。自然動力農耕法認為，土地因為各種污染而衰老病重，必須利用礦物、植物和動物做成的藥劑治療，使土地對自然的影響再度敏感。此外，耕作、施藥的時間依照月亮、星座的方位等因素而決定。

人與天地相應，與自然共呼吸，是一種美味的趨勢。「食方」宣稱他們採用合鴨米作飯，「馥園餐廳」也宣稱採用自然豬作東坡肉。

阿嬌是「食方」主廚，她的料理美學是自然、原味、健康，因為講究自然和原味，故不能過度烹調，手段須簡單。因為追求健康，所以到處尋找無污染的食材。她租了一塊地耕種高工本的合鴨米，以蘇澳冷泉灌溉，無農藥污染。合鴨米乃鴨、稻共棲共榮所栽種出的有機米，農民飼養鴨子巡邏在稻田間啄食負泥蟲、福壽螺等害蟲，鴨的排泄又為稻苗施肥，使曾遭破壞的微環境生物體系得以完整復原。據說這種用天然方式培育的稻株細胞壁較厚，根部發展充足，故能有效吸收土壤中的風味物質，使米粒更加營養可口。

餐館的出現直接帶動烹飪藝術的發展。走進餐館，無非追求味覺的興奮，和心靈的愉悅，滿足。因此濃郁和清淡須交錯得宜，令上菜形成節奏感，演奏味蕾的樂章。

袁枚主張上菜的次序「鹽者為先，淡者宜後；濃者宜先，薄者宜後；無湯者宜先，有湯者宜後」。觀念跟西方的上菜節奏迥異，西餐總是讓我們先嚼生菜，再喝湯，最後才是味道濃重的主菜。

美食運用各種原料，構成色香味，其生成涵蓋了文化中最細膩的藝術成分，除了良好的口感予人愉悅，還要能維持品質的穩定。我們對優質好餐館的信任，遠超過對政府的信任。

越來越多現代化大餐館，將菜肴的穩定納入標準作業程序。臺北「鼎泰豐」講究各種細節，雞必須養足十四週；強調衛生，連洗手間都隨時保持潔淨。此店以小籠包聞名天下，對小籠包的要求非常嚴格，每粒十八摺，二十一克，從皮、餡到外形，稍有瑕疵即丟棄。

北京「全聚德」集團化之後發展出一套制度：廚師炒好的菜須經廚師長檢驗，對菜肴的成色、分量、味道、衛生與擺盤一一過目，符合標準才能「劃單」放行。我對這種歷史悠久的老店總是充滿敬意，全聚德集團的團歌有「一爐百年的火」、「飄香的木柴，點燃甜美的生活」，令人動容。它打造了一種文化品牌，話劇《天下第一樓》和電影《老店》都是根據餐館歷史所製。

人人心目中皆有幾家好餐館，都有一些想到即垂涎的靚菜，諸如「點水樓」的叫化雞、紅糟香辣酥魚、八寶肥鴨，「宋廚」的烤鴨，「天香樓」的龍井蝦仁、東坡肉、雞絲豌豆，「銀翼」的文思豆腐、砂鍋獅子頭和蔥開煨麵，「尚林」的山藥湯、松阪牛肉和甜點，「天然臺湘菜館」的如意湘蹄、左宗棠雞，「食方」的翠玉瓠瓜，「榮榮園」的醬爆蟹燒年糕，「上享」的臘味煲仔飯……好餐館必有這樣的鎮店肴饌。然則媒體的過度膨脹，直接造成了魚目混珠；無論電子媒體或平面媒體，多設有美食頻道、版面，被胡亂吹捧的餐館不少。

一日中午我根據某大報指示，搭計程車找到號稱正宗香港味的茶餐廳，裝潢布置卻帶著臺灣農村氛圍。進到裡面坐下來，還是沒有人睬我，只好自己去找正在看電視的侍者。這餐廳的管理和員工訓練很糟。由於第一印象不佳，僅保守地點媒體極力推薦的「黯然消魂飯」。原來是叉燒飯，飯上覆著幾絲洋蔥、一個荷包蛋、三片叉燒和一條青江菜，再淋上醬汁，滋味遠不如我平常在「鳳城」隨便吃的各色臘味飯，價錢卻貴一倍。忽然想到這叉燒飯應襲自一部無厘頭港片《食神》，電影最後周星馳端出用內功作出的「黯然消魂飯」，令擔任評審的女演員尖叫、流淚不已。我很懊惱輕信媒體，正想離去，不料下起了雷雨。

被忽然的雷雨困在餐廳裡，不得已，再次走到電視機前，跟侍者點一碗媒體推薦的牛什湯麵。侍者點頭說好，隔了幾分鐘竟來問點食的是不是「大排檔牛什麵」？我非常驚訝，不是才剛告訴你嗎？

「是乾麵？還是湯麵？」隔了一分鐘左右，那侍者又回來問。

「湯的。」這次，我特別注意發音。

麵終於端出來了，結果是一盤乾撈麵。我有點生氣了，請他拿回去換。這次的動作很快，不到一分鐘湯麵就來了，侍者可能也覺得煩了，連湯匙都沒附，醬油色的麵，一看就知道是把湯加進剛才的乾撈麵。我吃了一口，無論如何再難以下嚥。對著眼前這碗壞情緒的牛什麵，黯然等雨勢稍歇。

香港美食甚夥，我在香港從未吃過這麼難吃的麵和飯。幸虧沒有點一桌菜來試。

濟南路一家餐館門口張貼了許多媒體的報導招徠，張望裡面，裝潢布置頗為時尚，座無虛席，我趕緊進去嘗試。這餐廳標榜健康的私房菜，「採用天然有機食材，絕不含人工添加物」。點了許多記者盛贊的招牌菜「紅燒獅子頭」，相當失望——太粉，太瘦（幾乎僅是瘦肉），了無滋味。「泰式檸檬魚」更不敢恭維，我奇怪市面上那麼多泰國料理，不會燒菜難道也懶得學習、模仿別人的作法嗎？竟用鯛魚片蒸熟，淋上辣醬，粗俗極了。還有「養生排骨湯」，不知那裡養生了？店家竟以為用山藥、枸杞熬煮排骨就叫養生。如今大家都把養生掛在嘴巴了，隨便弄幾樣據說「健康」食材煮一煮就能養生？

日本築地「河豚源」以河豚料理聞名，非產季的半年都處於歇業狀態，專心準備下一個產季：更換坐墊、保養器皿、處理乾貨等等，用謹慎的態度做生意，他們賣的河豚豈能不美味。

世人多以為引車賣漿容易，常聽人不滿現狀時這樣慷慨陳詞：「大不了去賣牛肉麵！」好像隨隨便便就能夠賣麵營生，殊不知經營吃食除了專業能力和技巧，還須吃得了苦。日本推理小說家江戶川亂步（1894-1965）曾自述：「住家附近的餐廳已經不讓我賒賬了，在吃了三天的炒豆子之後，吹起嗩吶，拉著車子賣起支那蕎麵攤，麵攤的收入雖然不錯，但因為必須在寒冷的冬天外出做買賣，所以沒辦法持久，才不過短短半個月我就放棄了，在那樣窮酸的情形下，我結婚了」。亂步是一個凡事講究的人，蕎麥麵攤的生意不惡，必定有一定的煮麵手段；然則他還是覺得太辛苦，可見結婚比擺麵攤輕鬆多了。

## 3.

我越來越相信健康與美味並不相悖，呂不韋早就指出飲食的清淡美：「凡食無強厚，味無以烈味」。大部分的頂級法國料理越來越清淡，重視原味呈現。「食養山房」也往這個方向在經營，菜式設計透露中產階級對健康的渴望，吃飯吃到一半，侍者會送上自釀的果醋，解膩又養生。

古代西方人認為食欲應與個人的尊嚴成正比，可陶弘景告誡我們：「當少飲食，飲食多則氣逆，百脈閉；百脈閉，則氣不行；氣不行，則生病」。我也是身體出現各種警訊時，才領悟少食的美學。

除了追求清淡和原味，開放式廚房寖寖然成為新趨勢，鐵板燒的料理特色即是透明化，帶著表演性質。此外，中餐館如「天罈」、極品軒之「煉珍堂」、「鼎泰豐」皆採開放式廚房。

開放式廚房具有積極意義——透明，衛生，少油煙。「天罈」最具特色的是窯烤，隔絕油煙，並保留食物原味，標榜天然、美味、保健、養生。因此肴饌多以健康食材為基調，諸如枸杞、靈芝、山藥、白果。他們還請專家調配三種穀類為「調和米」，強調兼顧美味與營養，算是自創品牌。

飲食直接關係健康，甚至壽命；飲食失當，將導致各種疾病。正確的飲膳有養生保健的功能，「食醫同源」、「藥膳同功」的道理人盡皆知，神農嘗百草即是以人體實驗各種植物的療效。

當年蘇東坡謫居嶺南，過了一年，朝廷未再貶謫，正高興可以保全性命，痔瘡卻發作，疼痛呻吟了近百日。由於嶺南缺乏醫藥，即使有也無療效，道士教他「去滋味，絕葷血」，暫時不沾葷膻、美味，減量，並盡可能吃得簡單，東坡居士很自制，「旦夕食淡麵四兩，猶復念食，則以胡麻、茯苓糗足之。飲食之外，不啖一物」，他發現食療效果良好，感受清淡寡欲的優點，並在其中體會「味無味之味，五味備兮」，飲食美學從此到了雲淡風輕的境界。

進取心強的餐館總是存在著創新的焦慮和渴望，「天然臺湘菜館」第二代掌門彭健豪先生所研發的「如意湘蹄」，成為鎮店佳肴。法籍名廚Jean-Georges Vongerichten的崛起即是結合法、泰菜肴的觀念，所發展出來的創意料理，從而打響全球知名度。

然則舌頭並非天生就具有探險性格，Starbucks最暢銷的產品如法布基諾、拿鐵、卡布基諾，在推出之初，內部曾出現不小阻力，可見舌頭不免是具有惰性的。

舌頭的探險，如今回顧，竟帶著濃厚的浪漫氣息，其經驗總是安全的，輕鬆的，審美的，享樂的，驚喜的；然則舌頭的探險並非一向如此。先民在選擇食物之初，多帶著冒險犯難精神，其經驗不免是艱辛、嚴肅而壯烈的，《淮南子·脩務訓》記載神農嘗百草：「古者民茹草飲水，果樹木之實，食蠃蚌之肉，時多疾病毒傷之害。於是神農乃始教民播種五穀，相土地宜燥溼肥墝高下，嘗百草之滋味，水泉之甘苦，令民知所辟就。當此之時，一日而遇七十毒」。

我素來不輕嘗餐廳的創新菜，蓋有些店家洋洋得意的創意菜多天馬行空，無所本、無所據，東抄一點概念，西襲一點技法，胡亂拼湊在一起，即以為很有成就了。如果這樣就算創作，那麼稍諳廚事的人不都充滿了原創力？

創新是辛苦的，除了須對各種食材瞭然於胸，還要明白食物的文化內涵，具備研發的能量和企圖。

## 4.

高明的餐館重視調和，在烹飪上，酸甜苦辣辛鹹痲的調和，用餐情境和心情的調和，餐具和食物的調和。

如今秦淮河上的船點也登陸了，沿著秦淮河畔的餐廳，流行迷你式的小碟、小碗、小砂鍋，小吃如水煮荸薺、茶葉蛋、狀元豆、燒賣、蜜汁藕片、干絲、鍋貼、豆腐澇……熱炒如炸蝦、西蘭花炒海蜇、蘆蒿燒肉……都模擬船上用餐的情境，裝在迷你食具裡，並將從前船上的笙歌搬到餐廳裡。可惜餐廳太嘈雜了，一切模擬的努力只能是表面功夫，只得其形，難臻其境。

我常覺得走進餐館像走進畫廊、音樂廳、劇院，休閒娛樂之外，也帶著審美的功能。因此，內外環境及器皿之乾淨，以及空間之舒適是基本條件。

安和路有一家新餐館非常崇拜秦始皇，咖啡還不錯，可一入那扇厚重的大門，卻顯得陰森，令人警惕。店裡面的布置非常拼貼，擺設多仿中國歷代文物，尤其是秦俑，連名片上都印著秦始皇的畫像。奇怪的是天花板上的仿夜總會五彩燈光，鮮紅色的絨桌布搭配仿明式家具，和以爵士為主的背景音樂。在我看來，這是十分怪異的表演方式，滑稽，誇張，某些地方故意自我東方化，呈現西方人眼中的刻板東方。

吾人走進餐廳，不僅介意食物的美味、衛生等條件，也講究用餐情境。用心的經營者，除了提供美食，往往佐以美景，令肴饌與空間融合，形成趣味。

上海「海上阿叔」和臺北「銀翼」一進門皆看到牡丹花，都以紅色為主調，濃厚的中國味。「銀翼」在樓梯口擺了一排塑膠牡丹花，恍如老女人臉上過時的胭脂，訴說曾經的雍容華貴。「海上阿叔」設計大膽，除了紅色的宮燈、帷幕，紅牆上掛了許多法國現代風情畫，將歐洲元素嵌入中國的裝飾風格，召喚年輕族群。

好餐廳的條件不外乎高明的廚藝、雅緻的用餐空間、優質的服務員，和潔淨的衛生。相對於法國人用餐飲葡萄酒，中餐還不習慣配酒，縱使菜色精采，酒櫃裡也只見幾瓶尋常的酒，了無開瓶的欲望。這是有待開發的領域。

臺灣的民間釀酒工業已經起跑，餐飲業者還未跟上。二〇〇六年，我試圖為六款酒獲獎的農村佳釀，設計可供搭配的菜肴，於是找了「天下第一鍋」和「紅利義大利餐廳」合作，一中一西，彼此頗有較勁的意思，前者由名廚何京寶領軍，規畫海皇沙律、炸鮮蝦雲吞佐鵝肝捲、金瓜鮑片龍蝦湯、干貝蒸圓鱈、玫瑰乳鴿、提拉米蘇。後者由專擅北義料理的林暐皓率助手，安排蟹肉水果塔、酪梨酸奶松葉蟹、海鮮沙拉、蔬菜清湯、芥末比目魚、草莓酒煮洋梨。

出國旅行過的人多知道，最廉價的餐館是中餐館，不管身在那一個城市那個景點，計較利潤的旅行業者總是把遊客載到中餐館，草草解決一餐。中餐的形象墮落至此，對飲食古文明來講，委實是不堪的羞辱。

放眼當今世上餐館，大抵以巴黎為尊；然則直到一七七〇前後，巴黎還很難找到專業餐館，旅客只能吃小客棧提供的簡單飯食。布瓦里耶（Beauvilliers）自一七八二年開始在巴黎開餐館，是那個年代最有名的餐館經營者，也是第一個將高雅的房間、靈巧聰明的服務員、優越的廚藝、可供選擇的藏酒結合在一起的業者。他具備前場經理應該有的超強記憶力，能認出二十年前到過店裡的顧客；發現有錢人坐下來，就立刻趨前鞠躬，非常恭敬殷勤。布瓦里耶最厲害的是為顧客點菜，他使用動聽的語調，幫不願意點菜的人點了很多菜，還額外從酒窖為他們拿出葡萄酒，宛如宴客主人，安排妥當就轉身撤退，留下真正的東道主痛苦地面對賬單。

我心目中的好餐館除了提供美味，亦呈現飲食的風景線，通過餐廳建築、設計、布置的匠心安排，蘊含著品味和風格，強調飲食文化的一個側面。

餐館大抵以菜肴屬性來布置空間，如日本料理多加入榻榻米的元素，印度料理不免裝飾著神廟圖案，地中海料理常呈現蔚藍海岸的氛圍，美國快餐輒出現西部牛仔道具……

北京「仿膳飯庄」、「御膳酒樓」，臺北的「圓山飯店」俱屬仿古的中國宮殿式格局，繪龍畫鳳、高懸宮燈都是標準裝飾，追求富麗堂皇的氣派。

我特別想提「食養山房」，這是一種園林式的餐館，它原先在北宜公路上，充分借景又快樂融合室內布置，將起伏的山巒，和草木、白雲等自然美景通過窗框和竹簾，巧妙轉成餐館景緻。竹簾、原木長案、燈籠、陶甕、榻榻米構成了室內布置的基本元素，壁上掛了許多程延平的字畫，桌面點綴一些宣紙、松果、燭光。「食養山房」可謂人文風景的舞臺，演出宋代的文人美學。空間只用竹簾區隔，卻絲毫不見嘈雜，來到這裡，大家不約而同放低了音量，彷彿一切都緩慢了，時間變得悠長。

食養後來遷移至陽明山「松園」內，園內有瀑布、山澗、亭臺樓閣隱在花草樹木間。我們在這裡吃飯，常可看見山嵐湧泉般在屋外升起，白雲也適時像飛瀑從山稜瀉下，氣勢壯闊。

「大山無價」在食養舊址營業，用餐情境、菜肴形式都複製了食養，青山、庭園、菜肴依舊在，就是缺乏原創之美。

木柵的「野山土雞園」是另一種典型，充滿鄉村風情，吃土雞、野菜，俯瞰臺北盆地，帶著野趣。「野山」單獨座落在老泉里山上，很有特立獨行的氣魄，熟知者少，生意自然不如貓空的集體氣勢。然則這家店好像會黏人，吃過一次以後，可能會有「除卻巫山不是雲」的感嘆。我也是，來了一次，就不曾再去別家。我在木柵混了二十年，最後定於一尊，歡喜帶朋友來這裡吃飯，來過的朋友也都同意，在方圓幾公里的山區超過一百家店中，料理第一，視野第一。

「野山土雞園」其實是躬耕於山裡的農戶，剛好農產品多，農夫的廚藝又精湛，他的太太兒女都能幫忙外場，我們才有福氣享受到充滿大自然風情的美味。此店所有的野菜皆是自產，完全不噴灑任何農藥，予人健康、安全、自然之感，不知是否心理作用？我總覺得這裡的農產品特別甘美。歡喜吃菜蔬的朋友來到這裡，往往興奮溢於言表，最少都會點食三大盤不同的菜，我常吃的蔬菜包括炒紅蔥、紅冠菜、山茼蒿、檳榔花、山芹菜、山蘇、地瓜葉、川七……

夏天到的時候，彷彿感受一種召喚，召喚我上山吃綠竹筍。山風吹來，帶著草木的氣味。店家種的綠竹筍不算多，也無暇參加比賽，可那筍真甜，真鮮，真脆，彷彿猶帶著仰承天地甘露的氣息。李白：「開瓊筵以坐花，飛羽觴而醉月」，表現露天餐飲的情趣，庶幾近之。

餐館非僅是進餐場所，亦是人們社交活動的地方，任何公關都少不了吃喝，邊吃邊喝邊交談，往往能有效深化情誼。對我來講，餐館又像教堂，吃飽喝足彷彿是一種祈禱。

日常生活中，還有比餐館更令人快樂的地方嗎？好餐館的存在，往往能化解誤會和爭端，幫助事業順利，令友誼彌篤，使愛情更加甜蜜。

——二〇〇七年

# 論廚師

# 1.

一九八九年，我獨自赴中國大陸旅行，到了合肥，自然去看看包拯的墓園。圍繞著墓園有許多動人的傳說：墓園旁，是一條護城河，當地人叫它包河；包河上生長著甘美的蓮藕，和一般蓮藕的藕斷絲連不同，包藕無絲（私）。墓園附近有一口井，人稱「廉泉」，又叫「包井」，據說井水甜美，一般人喝了養身，但貪官污吏只要喝了一點「廉泉」水，立刻肚絞腹痛而斃。

包公雖然已作古千年，連做鬼都還饒不了敗德的政客，我覺得實在有必要帶幾加侖的廉泉水回臺灣，分贈所有的官員和民意代表品嚐。然則「廉泉」已枯涸。

天空飄下了毛毛雨，我在斜風細雨中穿越包河，來到包拯的墓園，我想起這個「日判陽間不平事，夜間點燈斷孤魂」的包青天，已然化為一種象徵，寄託悲慘人世的希望，特別是在官吏敗德、政治不修的社會。忽然激動莫名，邊走邊流淚。中國歷史上嫉惡如仇的清官早已長眠地底。

可能因為這世間已沒有了廉泉水，回到臺灣後遂隨手寫了一些沮喪、憤怒的食譜，系列詩作名之為「完全復仇食譜」，食用對象設定為臺灣立法院諸公和一些貪官污吏，菜色包括「三杯蟾蜍」、「春光鶴頂紅」、「脆皮蛔蟲」、「夢幻螞蝗羹」、「水晶鮮蛆凍」等等，其中「春光鶴頂紅」的材料包括鶴頂紅十三公克、玫瑰十朵、夾竹桃葉半斤、糖精四湯匙、去漬油一湯匙、香蕉水四湯匙、鹽半湯匙、石灰粉三湯匙、工業酒精二湯匙；又如「夢幻螞蝗羹」的材料則包括新鮮螞蝗半斤、蜈蚣足二兩、瘟雞肉三兩、仙人掌四兩、蛤蟆皮二張、潤膚乳四杯、柴油五湯匙、麻原彰晃洗澡水六杯。從這份材料可見我消滅群魔的意志有多麼堅定。

後來我覺得這樣的食譜失之太露，缺乏詩應該具備的含蓄和間接，於是塞進了抽屜，不再聞問。十年後，忽然出現靈感，遂找出泛黃的稿紙，改「復仇」為「壯陽」，乃有了《完全壯陽食譜》的寫作。

詩恆是一種吞吞吐吐的語言藝術；何況，我猜想，詩寫好了出版，可能被書店、圖書館擺在食譜類。於是我決定寫一本可以吃，又有壯陽效果的食譜，像武林秘笈，帶著神秘感，加進修煉者的想像。

於是我走進廚房實驗、筆記，每天長時間揮刀掌勺，竟至耽溺的地步。如此這般三個多月，我驚覺對烹飪產生了熱情，歡喜逛市場，歡喜在廚房裡戲耍，甚至鄭重考慮轉行去當廚師。

## 2.

廚師影響吾人的日常生活至巨，臺灣第一位電視烹飪教學節目主持人傅培梅，在貧窮的年代，啟迪了好幾代的廚師和家庭主婦，直接提昇全臺灣的家庭生活品質。

高明的廚師都是藝術家，其頭腦和雙手能令人們的舌頭鬆綁。艾莎珂．丹尼蓀（Isak Dinesen, 1885-1962）短篇小說〈芭比的盛宴〉（*Babette's Feast*）描述不世出的烹飪天才芭比，總是把晚餐變成一場戀愛，融入高貴和浪漫，令人弄不清楚究竟是精神或肉體的欲求和飽足。

每一道菜肴都應該像一首詩，華特夫人（Mrs. W. G. Water）在《廚師十日談》（*The Cook's Decameron: A Study In Taste*）序言中說：「假如我們每天都作出一首烹飪的詩，到最後，我們就是給了世界一百個熱愛生活的理由（if we each produce one culinary poem a day we shall, at the end of our time, have provided the world with a hundred new reasons for enjoying life）」。

夏朝第六代君主少康曾任有虞氏的「庖正」（相當於今日的行政主廚、廚師長），是中國第一位可考的廚師。圍繞著名廚的故事常帶著傳奇性，渲染其技藝，如伊尹負鼎於湯，為湯滅夏，建立了霸業；彭祖創作「雉羹」，開啟了名肴的烹製；易牙烹子求榮；又如「餅師神」漢宣帝劉詢，隋文帝的御廚「詹王」等等。

自上古傳說軒轅黃帝教人民「蒸穀為飯」、「烹穀為粥」以降，廚房裡的技能和知識，成為古代中國知識分子的重要資歷。可惜「君子遠庖廚」的觀念，又相當程度阻滯了烹飪藝術的發展。長期以來，更多身懷絕技的廚師埋沒在社會底層，鮮少能自己動筆。

明末清初「帽花廚子」李大垣本是儒生，卻不愛讀儒家典籍，只愛鑽研烹調藝術，參加朋友間的宴飲，常帶著各式廚具赴會，走進廚房，即戴上綴有玉花的絨小團帽，舞刀切割，指揮烹調。此外，還自製出可以伸縮的廚刀，此刀製成，他邀請朋友舉行衅刀儀式，鄭重塗牲血於刀上，祭祀後並作〈衅刀〉詩。

## 3.

我在金門服兵役時，經常有營測驗、師對抗、二十公里急行軍等重勞力操練，很多人渴望出公差，有一天連長問誰會殺豬？十幾個人自告奮勇，被點到名的兵其實不曾殺豬，硬著頭皮第一刀砍下，那豬吃痛逃跑，他一路慌張追殺，共揮砍了十幾刀，合眾人之力才制伏哀嚎的豬隻。目睹這場滑稽的慘劇，那天士兵的餐桌上，只見些微的肥肉絲。

天下菜刀中，以日本料理所使用的菜刀最鋒利，這可能跟生食有關，為了達成最精準的切割，盡量避免破壞組織。尤有甚者，刀工猶關係著食物的品質，和食用者的健康，例如河豚。河豚體內有六處含毒，料理師須將利刃伸進去處理，憑直覺和經驗避開這六處，否則弄破了毒囊，刀子沾毒，河豚其他部位也會沾毒。

寺沢大介的漫畫《將太的壽司》對廚刀頗有著墨，故事描寫壽司師傅關口將太奮鬥的過程，他因家境貧困，輟學到東京「巴壽司」當學徒，努力習藝，希望早日學成返回故鄉，幫助父親挽救自家經營的壽司屋。支撐他持續奮鬥的動力是親情，親情使這部漫畫略顯憂鬱，感傷。這段為事業奮鬥的過程，也是將太人格養成的過程。修業之於他如同練武，修業的方式是以戰養戰，每比賽一次，他的廚藝就跟著提升，不斷開發出新美味。在寺沢大介筆下，廚藝跟武藝一樣，壽司高手橘佐吉有點像金庸筆下的歐陽鋒，技術獨步天下，卻性格暴戾，恃才傲物。所以廚藝在此，不僅單純地以色、形、味，或材料的良窳來定高下，也包含了精神和人格的力量。

在人的精神力量之下，烹飪的觀念乃發展出崇尚手工、自然的美感模式。以刀工而言，講究名師傅手工打造的菜刀，而揚棄機器量產的菜刀；因為手工打造的產品融入了菜刀師傅的感情和精神力量，才是一把能感動人心的菜刀，唯其如此，切出來的菜肴才具有使人陷入沉思的滋味。這種菜刀美學很像中國古代的鑄劍觀，欲鑄造鋒利無比的名劍，鑄劍師傅必須融入自己的感情和精神力量，甚至餵之以自己的鮮血、生命。

池波正太郎斷定廚師身上有劍客之氣。果然如此，則具體可見的是刀法。我每次去「銀翼」餐廳吃飯，例必點食「文思豆腐」，這是典型的揚州刀工菜，乃揚州天寧寺的文思和尚所創，豆腐絲的粗細是這道菜的成敗關鍵——將嫩豆腐削去老皮，先平片成薄片，再切為細絲，接著在沸水中焯去豆腥，成菜需豆腐絲浮於湯面才算成功。欲將豆腐切得像繡花針般的細，刀法必須夠快又不容躊躇，意念稍有猶豫，嫩豆腐碎裂矣。

好廚師大抵都有好刀法。從前看李安電影《飲食男女》，印象最深刻的就是替身快刀手施建發，那場景是整部電影最吸引我的特寫鏡頭。（唐）段成式《酉陽雜俎》記載唐代進士段碩，「善斫鱠，縠薄絲縷，輕可吹起，操刀響捷，若合節奏」。段碩博學多才，卻不熱衷仕途，專心研究烹飪之道，他練就了出神入化的刀技，尤其切魚製膾，操刀迅速而敏捷，切割的聲音帶著節奏感，所切的魚片薄如蟬翼，細得像絲縷，可隨風吹起。

刀法最出神入化的莫非文惠君的「庖丁」，這個廚工順著牛的肌理運刀，手、肩、腳、膝密切配合，動作富含節奏感，宰牛的過程好像演奏了一段音樂。莊子借文惠君與庖丁的問答，講解如此高超的技巧的秘密：

始臣之解牛時，所見無非牛者。三年之後，未嘗見全牛也。方今之時，臣以神遇而不以目視，官知止而神欲行，依乎天理，批大郤，導大窾，因其固然。技經肯綮之未嘗，而況大軱乎。

最高明的解牛術不會停留在技巧層次，技術熟練之後，更須明白解牛的道理和規律，即明白牛體的骨節筋絡，再依循其結構腠理解剖，才能游刃有餘。庖丁進一步說明：「良庖歲更刀，割也；族庖月更刀，折也。今臣之刀十九年矣，所解數千牛矣，而刀刃若新發於硎。彼節者有間，而刀刃者無厚；以無厚入有間，恢恢乎其於游刃必有餘地矣」。

切割術之外又見雕工，中國食品雕刻最有名的是宋代女尼梵正，可以想見她所拼雕的「輞川小樣」如何精細，又如何飽足了時人的眼福和口福。吾人白雲蒼狗，能結交一位這樣的高廚，真的像談了一場痛快淋漓的戀愛。

## 4.

廚師工作本質上介乎化學家、藥劑師之間，我們只有生病時才需要藥劑師，然則我們每天都要廚師來調和鼎鼐。

例如豆腐，最初可能是作為丹藥而流傳於世。漢高祖孫子劉安篤信道教，沉迷煉丹，有一次率領「八公」（蘇非、李尚、左吳、陳由、伍被、毛周、雷被、晉昌）登山煉丹——將黃豆或黑豆泡軟，磨成漿，再加以煎煮，並加入鹽滷汁、山礬葉、酸漿等，不久即出現沈澱凝結之物。他們經過人體實驗，覺得軟嫩清鮮，吃了一段時間更覺得精神煥發，更開發出不同的烹調方法製作豆腐菜肴，豆腐這種「丹藥」才流傳於世。

不一定每一種菜肴都在實驗開發出來，很多名饌是偶然間發現，或錯誤中發明的，提姆（Uwe Timm）小說《咖哩香腸的誕生》那美味的咖哩香腸，即源自布綠克太太不慎打翻的番茄醬和咖哩粉，東方和西方兩種食物偶然混在一起，她懊惱地要收拾進垃圾筒時，一分神舔了手指——突然清醒了，她查覺到舌頭的存在，一種驚喜，一種味覺的藝術，一種上顎好像要彎了似的辛辣，一種芳香，《天方夜譚》裡的那種芳香。

我們很幸運，藉著廚師的食譜，不斷累積前人的經驗，並站在他們的肩膀上瞻望未來。

食譜書籍，可能，在所有類型的書籍中最多剽竊了。我讀過一百多本食譜，絕大部份是為實用目的而讀的，閱讀時空多在廚房烹調時進行，它們只是一種烹飪指南，教人們製作各種菜肴，本身卻非常乏味——缺乏文采，更缺乏想像力。如果好幾種同類型的食譜一起參照閱讀，不難發現東抄西襲的痕跡。可見好作家不能缺乏想像力，好廚師亦然。

廚藝跟任何藝術一樣，講究興味，也講究創意。我心目中的好食譜，除了指南功能，除了說明材料和作法的分解動作，應該還有一些別的東西。例如英國廚藝家伊麗莎白．大衛（Elizabeth David）的食譜，即是如此充滿了敍述魅力，準確，流暢，幽默，讀她的文章，有時以為她是優秀的詩人，觀察入微，餘韻無窮，三言兩語即描繪出用餐的情境氣氛，像一塊乍看不起眼的自製麵包，實在、平淡而雋永，帶著含蓄的香味，和鬆軟適度的口感。例如我從前不愛乳酪，可閱讀她在羅西爾河岸陰暗的小酒館裡，無意間吃到一頓清新美味的法國布爾喬亞餐飲，我立刻就想吃點麵包、鮮奶油乳酪。

例如〈義大利魚市場〉，是一篇優美的散文，描寫黎明前的威尼斯市場，場景恍如「欣賞一齣前所未有的精采芭蕾舞劇」，各種活蹦亂跳的海產，魚身的條紋、色澤，閃著新鮮的光芒，我們彷彿聽聞嘈雜的吆喝、交易，與海洋的氣味，不僅令人食慾蠢動，也令人精神感動。又如她敍述巴哈羅德太太開的「南方大飯店」，及當地的豬肉舖，變成許多人的旅遊重點。她敍述法國的沙丁魚罐頭時，我才知道魚罐頭跟紅酒一樣，也講究年份；也才發現從前吃的魚罐頭都不是東西。我衝動地想發動巴黎的朋友幫我收購魚罐頭。

伊麗莎白．大衛的食譜有厚實的知識基礎、強烈的生活理念，和感情，完全不會公式化地烹製菜肴，加上敍述活潑、風趣，設想周到，體貼讀者，使實用的層次也飽含了樂趣。若跟著她的食譜燒菜，像好友在現場指導，親切而實在。我想她已將烹飪的熱情注入文字，帶著感情寫食譜，將獨門秘技公諸天下。

要人家公開私房秘技並不容易，晉代富豪石崇（249-300）經常與貴戚爭奇鬥奢，其家宴總能在頃刻間做出豆粥，供客人品嚐，連冬天也能供應韭菜，最為人所稱奇。後來他的家僕被收買，洩露豆粥的製法和取得食材的秘密，竟遭處死。石崇的殘忍奢華可恨，卻透露自古以來高廚對烹飪絕技秘而不宣的習性。

## 5.

廚藝是廚師的基本動作。錢鍾書慨嘆：「這個世界給人弄得混亂顛倒，到處是磨擦衝突，只有兩件最和諧的事物總算是人造的：音樂和烹調。一碗好菜彷彿一只樂曲，也是一種一貫的多元，調和滋味，使相反的分子組成相濟，變作可分而不可離的綜合」。

非科班出身的廚師，往往從學徒幹起，彷彿武俠世界裡的十八銅人陣，從洗碗工、配料工一路升格，職掌煎炸、燒烤、調味師（saucier）、二廚、大廚。

然則料理的創意不會出現在職業廚房，而是通常在休閒中的廚師。並且只有對廚藝充滿熱情的人，才能喚起烹飪的榮耀感。

關鍵在於文化修養。廚師需要一點文化修養，廚師缺乏的，往往竟是文化修養。張大千雖無食譜傳世，「大風堂酒席」卻已經成為一則傳奇，他曾自我評述：「以藝術而論，我善於烹飪，更在畫藝之上」。

德國古詩人白洛柯斯（B. H. Brockes）有一首贊美詩，喻上帝為「一個偉大的廚師」，因為他能發揮材料的美味。

不過千里馬還需伯樂，「點水樓」行政主廚陳文倉先生創造力充沛，從小菜到盛饌，總令食客激賞，與他在「極品軒」時期判若兩人。他的鍋巴蝦仁與「銀翼餐廳」所製在伯仲之間，龍井蝦仁、西湖醋魚又和「天香樓」楊光宗主廚各有千秋；其它像富貴叫化雞、八寶肥鴨、罐煨魚唇、紅糟香辣酥魚都是他的絕活。

# 6.

廚房是容易受傷的地方，置身庖廚鮮有不流血、燒燙傷的，在裡面工作必須膽大心細，具備過人的勇氣和智慧，技術，速度，創意，和一定的堅持。美好的創作必然是精緻的勞動，絲毫不含糊、不草率。

廚師必須敏捷迅速，能準時送上飯菜。職業廚房因而像一個巨大的壓力鍋，是異常嘈雜的所在，嘈雜而緊張忙碌的生產線，廚師須專注，快速，認真，仔細，高效率地幹活。職業廚房不適合自我感覺良好的藝術家，只適合規規矩矩的藝匠。

安東尼·波登的《廚房機密檔案：烹飪深處的探險》詳細描寫了職業廚房的生活，他初次擔任燒烤主廚時，覺得「好像在F-16戰鬥機的機艙裡」，興奮得要命。他認為流水線上的烹飪過程，是一種高速的合作，最高境界卻像芭蕾舞或現代舞。這恐怕是接近烏托邦式的理想罷。

清醒一點，現實世界的職業廚師更像機器，重複一樣的動作，並不允許天馬行空的藝術家。連波登任主廚的廚房，大家都嘛撞來撞去，從來都不缺乏叫囂、怒罵、髒亂。

那些路邊攤小吃，生意稍微好一點，就陰沈著臉對待顧客，彷彿顧客是尋晦氣的乞丐。連自己當老闆都難以承受壓力，何況是一般的伙計？然則壞情緒的廚子絕無可能作出好料理。彎腳的廚子常虛張聲勢，我若不幸遭逢這種賤嘴臉，懶得罵粗話，掉頭就走。歡喜做，甘願受，做生意無非想賺錢，生意興隆了卻又承受不了催促的壓力，幹活那麼苦，躺著等投胎算了。

池波正太郎偏愛創業立號的第一代，尤其老闆終生經營的老店，愛它時光深刻的滋味，我有同感。第一代都最勤奮工作，也最珍惜創業成果，他們總是努力營造賓至如歸的用餐條件。

## 7.

廚行的門檻低，很容易容納三教九流的人，三星級名廚布萊恩（Scott Bryan）就說：它吸引了很多社會邊緣人（fringe elements），一些生活困頓、麻煩的人。

我心目中的好廚師必須具備好眼光，能在市場裡挑出精緻、便宜的貨色；還必須愛乾淨，隨時保持工作環境的清潔，髒亂的料理檯前面，肯定是髒亂的心思。我們若不幸遭遇一個蓬頭垢面的廚師，只好把自己交給上帝，不敢想像他如何對待送過來的菜肴。

越進步的地方，廚師的地位越受到尊重。

哥倫比亞大學副校長Paul Anderer來臺北，我曾宴於銀翼餐廳，席間談到他兒子在義大利讀建築，因緣巧合遇到一位高廚，遂放棄學位，跟著高廚習藝。我注意到他講兒子也成為高廚，講得好像唐代進士段碩，眼神充滿了驕傲。我真希望家長要送子女進餐飲學校時，有這樣的眼神。

嚴長壽先生曾邀請紐約名廚Susur Lee（李國緯）到臺中「頂餐廳」和臺北「天香樓」客座。他出生於香港，十幾歲即入行，由半島酒店西餐部學徒做起，後來移居加拿大，逐漸嶄露頭角，任多家西餐館的行政主廚，在多倫多擁有兩家深受老饕歡迎的餐館，廚藝受《紐約時報》贊賞，*Zagat Survey*也譽為「烹飪界的天才」，他擅長融會東、西方美食元素，以東方的文化底蘊，結合西方精湛的技藝，我謂之「中菜為體，西菜為用」；例如他曾經在北美燒叫化雞，予當地食客新鮮的美食體驗。那晚在天香樓吃他設計的套餐，顛覆傳統的上菜節奏：先主菜、後前餐，開始先出重口味的羊排、鴨肝，依次漸淡，沙拉最後才出場，所有的菜肴都由他親自搭配葡萄酒，我見識到他對葡萄酒的內行和巧思。

Susur Lee的菜自然算無國界料理（Fusion）。自從Fusion流行之後，一度是時髦的字眼，其實它需要深厚的文化根柢，廣泛地了解各種菜系才能變通；阿貓阿狗亂搞一通也說是Fusion，其實是把它變成confusion。上菜順序先濃後淡也沒什麼稀奇，袁枚早就這樣主張了。重點還是人文素養。

此外，體貼顧客是最好的創作態度。Susur Lee總是束著馬尾，帥氣，瀟灑，講話時氣定神閒，我覺得他一心一意用菜肴和食客的品味談戀愛，那種自信，是內充實而光華自露的專業信心。

——二〇〇九年

# 論養生飲膳

二十幾年前，我在中國時報上班，為了爭取較完整的讀書時間，日夜顛倒，每天大約早晨七、八點就寢，下午三、四點起床。由於我剛睡眠時正好整個社區的人開始活動，大家準備上班上學，人聲鼎沸；雖然緊閉門窗，拔掉電話線，並以眼罩、耳塞封鎖視聽感官，猶原睡得極淺。我發現這樣欺騙自己的生理時鐘，違逆天地的自然節奏，嚴重影響了身體的免疫力和精神狀態，遂趕緊糾正了回來。

大自然有一定的節奏，如四季的變化，植物的生長枯萎，晝夜的循環，風波起伏，山川的交錯，潮汐的漲落；人體中各種器官的機能如呼吸、心跳，一起一伏地律動，亦自成節奏。這種生理的節奏，又引起心理的內在節奏，希望配合自然界外在的節奏，來應和內心的節奏。

## 1.

飲食也得配合大自然的節奏，吃時令蔬果，不僅可口、價錢便宜，更使身體和季節的變化相協調。

年輕時往往揮霍健康，常亂吃一些垃圾食物、危險食物；當年紀漸長，消化系統變得遲緩，卻平添許多飲食禁忌。二〇〇八年八月，英國倫敦皇家學院發表了一份研究報告，指出大約10～30%的青春期少女罹患鐵質缺乏症，而缺乏鐵質會導致智商低下。

現代營養學越來越確信，多樣化的飲食才符合健康原則，所謂健康飲食，無非是適度攝取碳水化合物、蛋白質、脂肪，均衡各種營養素。像義大利的用餐方式就很有智慧：飯前吃開胃小點（antipasto），主菜上桌前，先已吃到油橄欖、朝鮮薊、蘑菇、青豆、鳳尾魚、菊苣、芹菜心、茴香、胡蘿蔔、花椰菜等等。

人類的養生飲膳源遠流長，中外皆然。中國自古留下許多食療典籍，主張飲食有節，五味調和。日本江戶時代的俳人橫井也有，在實踐養生中總結出幾條飲食原則：少肉多菜、少鹽多醋、少糖多果、少食多嚼，完全吻合了中醫的食療精神。

歐美也日漸流行長壽食療（macrobiotics），倡言健康的飲食需要足夠的有機物質，和正確的細菌——我們多吃優酪乳和酵母麵包，無非是讓身體營造出健康的細菌體系，使體內生態平衡，令消化系統正常運作。

喬治．幸生（George Ohsawa）的《禪宗長壽法》（*Zen Macrobiotics*）強調健康要體現積極面：精神好，胃口佳，睡眠、記憶、脾氣都很好，思維清晰，動作敏捷，還要有知足常樂的感覺。要達到這樣的境界，有四大要素——吃天然食物，不吃藥，不動手術，經常活動。其中對天然食物的要求包括：不食用工業化加工的東西；吃天然穀物、蔬菜，肉類只取少量或完全茹素；避免食用經過長途運輸的食品；吃時令食物；盡量減少攝取人工發酵食物。

## 2.

白居易主張素食淡味，戒沾肉味，更喻女色情慾為伐性之刀，〈寄盧少尹〉：「嘉肴與旨酒，信是腐腸膏。豔聲與麗色，真為伐性刀」。將放縱飲食和聲色等同看待，對性愛帶著戒慎恐懼的態度。

然則也不盡然，劉邦的老婆呂雉在殘酷的鬥爭中，精神大耗，常為失眠所苦，不免心力憔悴；幸虧擁有眾多的情人，依然美麗動人。

武則天一生喜好男色，可謂情夫不斷，即使到了八十高齡，還寵愛著二十多歲的俊男張易之、張昌宗兄弟，愛情的滋潤使這個高齡的女人絲毫不見老態——皮膚白淨，頭髮烏黑，還長出新牙。

慈禧太后的日常作息有條不紊，每天起床、漱洗、飲膳的時間都十分準確，並且有一套特殊的程序和要求——靜坐、散步、泡腳、聽笑話、看淫詞淫戲。她們的例子印證精神歡愉和長壽、美容的緊密關連。

顯然荷爾蒙也關係著養生。做愛是精神衛生，和散步、喝紅酒一樣都有益身心。不過好像男女有別——活到八十六歲的梁武帝蕭衍斷言，長壽之道在於絕房室，因此他年過四十即不近女色，潛心修佛；明代的養生專家龍遵敍也說，宋高宗能活到八十二歲，乃是「稟厚而寡欲」。

我強烈懷疑，他們的高壽並非禁慾，而是食療。

## 3.

老祖宗就有了食療觀念，中醫史上即有「藥食同源」、「醫膳同功」的說法，《周禮．天官冢宰》記載的宮廷飲食機構中，即有食醫、疾醫、瘍醫、獸醫四種醫官，高度重視飲食衛生和保健，其中「食醫」掌管「六食、六飲、六膳、百饈、百醬、八珍之齊」，證明許多菜肴已使用於周天子的食療之中了。

可見早期食療的形成，約在商周之時。後來的《黃帝內經》，進一步加深了我們對食療的認識。成書於戰國或秦漢時的《神農本草經》，更明確記載許多食物的療效。

中國第一部醫學理論《黃帝內經》即有深刻的飲食保健觀念：「凡人之疾未有不主於飲食之不謹，今也飲食膳饈醬之齊，既以時而胝之，鹹酸甘苦之助，又以時而和之。牛、羊、豕、魚、雁之宜，又以其物而會之。所以調和王之飲食而助養王之血氣，未嘗不及於愜適。是故疾病何自而產生乎？是故治未然之前也」；又說：「陰之所生，本在五味；陰之五官，傷在五味」。

魏晉南北朝時期，上流社會頗為講究飲食養生，醫學家對食療的療效有了更明確的認識，如梁朝陶弘景集的《名醫別錄》，又如葛洪《肘後方》中以豬胰治「消渴」（糖尿病）

等等。

到了隋唐五代，食療迅速發展，相關著作頗多，諸如隋代醫學家馬琬的《食經》三卷，崔禹錫的《崔氏食經》四卷；唐代醫學家孟詵的《食療本草》，五代時的醫學家陳士良的《食性本草》。

唐代名醫孫思邈，被稱為一代「藥王」，享壽一〇二歲，他的兩部巨著——《備急千金要方》、《千金翼方》尤為我們所熟悉。《備急千金要方》第二十六卷即為「食治」，分序論第一、果實第二、菜蔬第三、穀米第四、鳥獸第五，其中序論闡述食療理論，其餘四個部分則分析了一百五十多種動植物的性味，和食療效用。《千金翼方》乃是《備急千金要方》的補充，第十二卷「養性」的第四部分為「養老食療」，篇幅不多，卻很有理論和實用價值，我們來看兩則關於食療的短論：

論曰：衛汜稱扁鵲云：安身之本，必須於食；救疾之道，唯在於藥。不知食宜者，不足以全生。不明藥性者，不能以除病。故食能排邪而安腑臟，藥能恬神養性以資四氣。故為人子者，不可不知此二事。是故君父有疾，期先命食以療之。食療不癒，然後命藥。故孝子須深知食藥二性。其方在《千金方》第二十六卷中。

論曰：人子養老之道，雖有水陸百品珍饈，每食必忌於雜。雜則五味相撓，食之不已，為人作患。是以食啖鮮肴，務令簡少。飲食當令節儉。若貪味傷多，老人腸胃皮薄，多則不消，彭亨短氣，必致霍亂。夏至已後，秋分已前，勿進肥濃羹臛、酥油酪等，則無他矣。夫老人所以多疾者，皆由少時春夏取涼過多，飲食太冷故。其魚膾、生菜、生肉腥冷物多損於人，宜常斷之。唯乳酪酥蜜，常宜溫而食之。此大益於老人。雖然，卒多食之，亦令人腹脹泄痢。漸漸食之。

衛汜可能是「衛汎」之誤，乃東漢名醫張仲景的弟子。以上兩論，針對老人的身體略論營養學、藥理學的常識，指出養老食療的基本原則，須正確運用食品和藥物。「每食必忌於雜」可謂用餐指南，跟現代營養學的理論不太相同——意謂一次吃下太多種類的東西，容易消化不良，「飲食當令節儉」，孫思邈的觀念是，每餐的食物並非越多樣越好；自然，每一餐的食物應當有所變化。他又勸老人盡量避免生食、腥食和冷食；而乳酪酥蜜雖然有益老人健康，也不能吃多。

此外，元代太醫忽思慧所撰《飲膳正要》就是一部結合醫、食的營養學專書。清代宮廷設有太醫院，專為宮廷飲食保健擬制「代茶飲」方，使「樂於食、厭於藥」的帝王后妃得以喝無藥味之苦、卻有療效的飲方，有病治病，無病養身健體。

# 4.

最近我太太生病，幾個關心的朋友寄來一則約翰．霍普金斯大學醫院的研究報告：癌症的可能原因包括先天性、環境、食物、生活方式；而化療會毒殺癌細胞，也會殺死健康細胞，損害器官，易罹患各種併發症。它提醒人們改變飲食內容、方式，增強免疫系統。理想的飲食方式是80%的新鮮蔬菜與果汁、全穀、種子、堅果及少量水果，可製造鹼性環境，加上20%煮熟的食物，每天飲用新鮮蔬果汁（包含豆芽），吃二至三次生菜。

據說癌症約有70%和飲食習慣不當有關。許達夫醫師罹癌後，自我檢討原因：不當的飲食、很少喝水，讓身體長期酸化。這造成新陳代謝不良，產生很多自由基（free radicals）；自由基是一種瞬間產生的不安定分子，它缺乏電子，得奪取正常細胞細胞膜的電子，使細胞變性，日久即變成癌細胞。

最佳的人體是弱鹼體質。蔬菜、水果都屬於弱鹼性食物，絕大部份含有大量各種維生素，可抵抗許多疾病。吃對蔬果，能強化人體的免疫力、發揮自癒力。

所有瓜果蔬菜都高鉀低鈉，具降血壓、保護血管的功能。多吃蔬果有益健康，已是路人皆知的常識，梁漱溟從二十歲起即以粗茶淡飯過日子，主食一般是大米、麵食和粗糧、粥食，配菜則為蔬菜、豆類為主，天天吃水果，逢菜必吃，逢薯必啖。他活到九十五歲。粗茶淡飯才是聰明的飲膳辦法。白居易初到長安時，顧況曾告訴他：「長安米貴，居大不易」；白居易向來不挑揀食物，自奉也不甘厚，其實住在那裡都相對容易，〈偶作〉一詩曰：「日高始就食，食亦非膏粱；精粗隨所有，亦足飽充腸」。白居易活到七十五歲，在當時算是高壽了。

蘇東坡深諳飲食之道，對食物療法也很內行，偶爾也親自製作食療菜肴，尺牘〈與徐十二〉告訴朋友如何煮薺菜羹，以治瘡疥、養肝；〈與王敏仲十八道〉之十三也說，「治瘴止用薑、蔥、豉三物濃煮熱呷，無不效者」，僅僅用三種調味品煮濃湯，竟可治瘴氣之毒。

蔬果的優點數不盡，麥卡恩（McCance）和威多森（Widdowson）在他們所寫的《食物的構成》（*Composition of Foods*）一書中肯定有機作物有自己的免疫系統，含抗氧化的微量營養素，諸如類黃酮（flavonoids）和花青素（anthocyanins），能中和自由基。類黃酮有助於調節我們體內的激素和細胞生長；花青素有益視力、神經系統；類胡蘿蔔素（carotenoids）則能預防乳腺癌和前列腺癌；含硫元素的硫配糖體（sulfur-containing）和大蒜素（glucosinolates）不但能防癌，也具備清除體內重金屬和保護心臟的作用。

## 5.

考察歷代名人的生卒年表，高僧明顯比帝王長壽得多。這是可以理解的，蓋僧人只吃蔬果，又多幽居深山，環境優美，空氣清新，他們在大自然的懷抱中清修，復參加生產活動，氣血循環、呼吸功能俱佳，身體的新陳代謝也增強，又鮮少惱人的政治鬥爭，自然祛病延年。

中國民諺：「沒心沒肺，能吃能睡」，像林黛玉這樣充滿煩惱又愛鑽牛角尖的女孩很難長壽；對粗淡的五穀雜糧保持好胃口，又能安穩睡眠，才是養生正途。洪七公會吃，周伯通愛玩，他們的心理、身體都保持健康。

傳說寒山子活到一百一十四歲，並不可考。可考的是丘為，享年九十六，應該是唐代最高壽的詩人，究其長壽原因，可能跟他性情淡泊謙和、心胸曠達有關。其性格，我們從〈尋西山隱者不遇〉可見端倪；那麼多人寫尋訪隱者不遇，不外乎表達惆悵失望，他卻看見隱者的清幽境界，自在地漫步山林，從而滌蕩心胸，盡興而歸。曹操的詩〈龜雖壽〉很能表述他積極的養生觀：

神龜雖壽，猶有竟時；騰蛇乘霧，終為灰土。老驥伏櫪，志在千里；烈士暮年，壯心不已。盈縮之期，不但在天；養怡之福，可以永年。幸甚至哉，歌以詠志。

普魯斯特在《追憶逝水年華》中感歎：一切皆在永恆的消逝之中。智者既然看透了生死，何必又主張養生以長壽？我猜想他們並非僅僅為了延長生命的長度，而是努力要作一番事業吧。其實達觀生死才符合養生之道，一天到晚矜念養生，不免適得其反，正如嵇康所說的：「無以生為貴者，是賢於貴生也」。

嵇康是我服膺的養生名家，他的〈養生論〉影響後世深遠，文中揭櫫精神、身體對養生都同等重要，「精神之於形骸，猶國之有君也。神躁於中，而形喪於外，猶君昏於上，國亂於下也」；並進而析論形神關係，「君子知形恃神以立，神須形以存，悟生理之易失，知一過之害生，故修性以保神，安心以全身，愛憎不棲於情，憂喜不留於意，泊然無感，而體氣和平。又呼吸吐納，服食養身，使形神相親，表裡俱濟也」。他的養生可謂全方位的，意在警醒大家，身體的衰亡總是從細微處開始：

世人不察，惟五穀是見，聲色是耽，目惑玄黃，耳務淫哇。滋味煎其腑臟，醴醪煮其腸胃，香芳腐其骨髓，喜怒悖其正氣，思慮銷其精神，哀樂殃其平粹。夫以蕞爾之軀，攻之者非一涂；易竭之身，而外內受敵，身非木石，其能久乎。

我總覺得這段話好像在訓導我，大害始於微小，長期大塊吃肉大碗喝酒，終於導致慢性病纏身，啊，如果我年輕時就能受教，現在也不必常常吃藥。

如今回想，當年在讀比較文學博士班時，工作之餘，拼盡全力找時間讀書，每天僅睡三、四個鐘頭，於是停止了登山，停止了一切日常的運動習慣；可能是壓力太大，停止不了的是旺盛的胃口。如此這般兩年過去，代謝系統終於出了毛病，血脂肪、血尿酸開始飆高。後來不知如何竟開始鼻塞，我以為是一時過敏，並不計較，誰知每天睡覺都鼾聲大作，氣似奔雷，常常被自己吵醒，一塞竟十幾年，眠夢中往往呼吸中斷。長期缺氧，難怪我一天比一天笨。耳鼻喉科醫生總是建議：如果鼻塞太困擾，乾脆動手術切除算了。

醫院又不是屠宰場，幹麼動不動就揮刀？

西醫太重視唯物實證，欠缺身心靈的整體觀照，往往只看到病灶，沒看到病人，導致併發症、後遺症叢生。太太幸得名醫手術，對治療所帶來的副作用卻頗感沮喪。她希望多吃些新鮮潔淨的蔬果，我每天下廚，謹記少油少鹽少糖少肉，不知不覺自己更親近蔬果，疏遠大塊吃肉大碗喝酒的壞習慣。神奇的是，才兩星期，鼻塞宿疾竟大幅改善，我完全能夠確定，這是改變飲食內容的結果。

「許多西藥的藥理都是用阻斷、競爭、破壞或抑制人體內某一種生化反應或分子，來達到另一個目的，用在人體上，是反自然的」；許達夫醫師又指出：「癌細胞具備有人體幹細胞之功能，被追殺之同時會發生抗藥性與突變，因此對抗式醫療永遠是疲於奔命，得不償失」。

《呂氏春秋．本生》：「肥肉厚酒，務以自強，名之曰爛腸之食」；〈重已〉篇又說：「味眾珍則胃充，胃充則中大鞔；中大鞔而氣不達，以此長生，可得乎？」揭櫫飲食適量有益身體健康，肉類佳肴固然美味，吃多了卻成為「爛腸」之物，胃撐得脹了，頭就昏沉，有礙健康。

也許我們應該再回頭，仔細審視古人的智慧，正如扁鵲告誡我們的，「安身之本，必資於食。不知食宜者，不足以存生」。飲食生活的方式，表現出人生觀和價值觀。

如今我每天吃大量的蔬果，帶著浪子回頭的心情。

——二〇〇九年

# 附錄

# 本書推薦的餐飲資訊

# 臺灣

| 素食 |
|---|
| **鈺善閣**<br>地址：臺北市北平東路14號1樓／電話：(02)2394-5155<br>營業時間：11：30-14：00，17：30-21：00 |
| **青春之泉**<br>地址：臺北市青田街12巷23號／電話：(02)2358-4210<br>營業時間：週一至週五11：30-15：00，18：00-21：00／假日11:00-21:00 |
| **京園素食餐廳**<br>地址：臺北市松江路330巷22號／電話：(02)2542-0713、2543-4309<br>營業時間：11：00-14：00，17：00-21：00 |
| **水來青舍**<br>地址：桃園縣觀音鄉大同村12鄰下大堀55-5號／電話：(03)498-9240<br>營業時間：11：30-14：30，17：30-21：00（19:30後停止供餐）／週一店休 |
| **斐麗巴黎廳**<br>地址：臺中市館前路9號1樓／電話：(04)2323-6625<br>營業時間：11：30-15：00，17：30-22：00 |
| **寬心園**<br>地址：臺中市大業路287號／電話：(04)2310-7571<br>營業時間：11：30-14：00，17：30-21：00 |

| 臺菜 |
|---|
| **儂來餐廳**<br>地址：臺北市民生東路2段147巷11弄1號／電話：(02)2505-0891<br>營業時間：11：00-14：00，17：00-21：30 |
| **食養山房**<br>地址：臺北市士林區菁山路101巷160號／電話：(02)2862-0078<br>營業時間：12：00-15：00，18：00-21：00／週一店休 |
| **食方**<br>地址：臺北市中山北路1段33巷23號／電話：(02)2531-6408<br>營業時間：12：00-14：30，18：30-22：00 |
| **北海漁村**<br>地址：臺北市杭州南路1段8號／電話：(02)2357-6188、2357-6189<br>營業時間：11：00-14：30，17：00-21：30 |
| **野山土雞園**<br>地址：臺北市文山區老泉街26巷18號之20／電話：(02)2937-9437<br>營業時間：16：00-22：00 |
| **福山養鱒場**<br>地址：臺北縣烏來鄉福山村大羅蘭71號／電話：(02)2661-6079<br>營業時間：10：00-19：00 |
| **溪洲樓**<br>地址：桃園縣大溪鎮康莊路5段242巷3號／電話：(03)471-4878、471-4879<br>營業時間：09：00-14：00，17：00-21：00／週一休息 |

| 外省菜 |
| --- |
| **宋廚菜館（北京菜）**<br>地址：臺北市忠孝東路5段15巷14號／電話：(02)2764-4788<br>營業時間：11：30-14：00，17：30-21：00／週日店休 |
| **天香樓（杭州菜）**<br>地址：臺北市民權東路2段41號 亞都麗緻飯店B1／電話：(02)2597-1234<br>營業時間：12：00-14：00，18：00-21：30 |
| **銀翼餐廳（揚州菜）**<br>地址：臺北市金山南路2段18號2樓／電話：(02)2341-7799<br>營業時間：10：00-14：00，17：00-21：00 |
| **郁坊小館（揚州菜）**<br>地址：臺北市延平南路163巷2號／電話：(02)2331-1117<br>營業時間：11：00-14：00，17：00-20：30／每月第二、四週的週一店休 |
| **上海小館（上海菜）**<br>地址：臺北縣永和市文化路90巷14號／電話：(02)2929-4104<br>營業時間：11：00-14：00，17：00-21：00 |
| **極品軒／煉珍堂（上海菜）**<br>地址：臺北市中正區衡陽路18號／電話：(02)2388-5880<br>營業時間：11：30-14：00，17：30-21：00 |
| **隆記菜館（上海弄堂菜）**<br>地址：臺北市延平南路101巷1號（中山堂右對面）／電話：(02)2331-5078、2381-8823<br>營業時間：11：00-14：00，17：00-21：00／每月第三個週日店休 |
| **請客樓（江浙菜）**<br>地址：臺北市忠孝東路1段12號17樓（喜來登飯店）／電話：(02)2321-1818<br>營業時間：11：30-14：30，18：00-22：00 |
| **永福樓（江浙菜）**<br>地址：臺北市忠孝東路4段59號2-3樓／電話：(02)2752-8232<br>營業時間：11：30-01：00 |
| **榮榮園（江浙菜）**<br>地址：臺北市安和路1段102巷9號／電話：(02)2703-8822<br>營業時間：11：30-14：00，17：00-21：00 |
| **鴻一小館（江浙菜）**<br>地址：臺北市金山南路1段88號／電話：(02)2393-1838（需預定）<br>營業時間：12：00-13：00，18：00-19：00 |
| **點水樓（江浙菜）**<br>地址：臺北市南京東路4段61號／電話：(02)8712-6689<br>營業時間：11：00-14：00，17：00-22：00 |
| **天然臺湘菜館（湖南菜）**<br>地址：臺北市羅斯福路1段61號／電話：(02)2391-1831<br>營業時間：11：00-14：00，17：00-21：00 |
| **秀蘭小吃（江浙菜）**<br>地址：臺北市民生東路3段118號／電話：(02)2712-5775、2712-1434<br>營業時間：11：30-14：30，17：30-21：00／週日店休 |
| **香港品源美食（粵菜）**<br>地址：臺北市敦化南路1段190巷54號／電話：(02)2778-7872<br>營業時間：11：30-14：00，17：30-21：30／週一店休 |
| **翠滿園（粵菜）**<br>地址：臺北市延吉街272號／電話：(02)2708-6850<br>營業時間：12：00-14：00，17：30-21：00 |
| **面對麵小館（北方菜）**<br>地址：臺北縣新店市中央路33號／電話：(02)8667-3448、8667-3447<br>營業時間：11：30-14：00，17：00-20：30 |

| 火鍋 |
|---|
| **橘色涮涮屋**<br>地址：臺北市大安路1段135號B1／電話：(02)2776-1658<br>營業時間：11：30-23：00 |
| **呷哺呷哺**<br>地址：臺北市雙城街26號／電話：(02)2595-5595<br>營業時間：11：00-14：00，17：00-22：00 |
| **天下第一鍋**<br>地址：臺北市吉林路41號／電話：(02)2537-7588<br>營業時間：11：30-14：30，17：30-22：30 |
| **鼎旺麻辣鍋**<br>地址：臺北市大安路1段251號／電話：(02)2707-2289、2704-4172<br>營業時間：11：30-14：00，17：00-01：00 |
| **太和殿**<br>地址：臺北市信義路4段315號／電話：(02)2705-0909<br>營業時間：12：00-03：00 |
| **亨記**<br>地址：臺北市復興南路1段107巷40號／電話：(02)8771-8960<br>營業時間：11：30-02：00 |
| **萬有全**<br>地址：臺北市建國北路3段98號／電話：(02)2517-9489<br>營業時間：11：00-14：00，17：00-23：00 |
| **圍爐**<br>地址：臺北市仁愛路4段345巷4弄36號／電話：(02)2752-9439<br>營業時間：11：30-14：00，17：30-21：30 |
| **坊間**<br>地址：新竹縣竹北市文平路100號／電話：(03)558-4858<br>營業時間：11：30-14：00，17：30-21：00 |
| **勵進餐廳**<br>地址：臺北市和平東路1段55巷5號／電話：(02)2393-4780<br>營業時間：11：00-13：00，17：00-20：00／週日店休 |
| **天香回味**<br>地址：臺北市南京東路1段16號2樓／電話：(02)2511-7277<br>營業時間：11：30-24：00 |

| 麵店 |
| --- |
| **牛爸爸（牛肉麵）**<br>地址：臺北市仁愛路4段216巷27弄16號／電話：(02)2778-3075、8771-5358<br>營業時間：11：00 -21：00 |
| **廖家（牛肉麵）**<br>地址：臺北市金華街111號之14／電話：(02)2351-7065<br>營業時間：11：00-20：30 |
| **永康牛肉麵（牛肉麵）**<br>地址：臺北金山南路2段31巷17號／電話：(02)2351-1051<br>營業時間：11：00-21：30 |
| **老張牛肉麵店（牛肉麵）**<br>地址：臺北市愛國東路105號（麗水街口）／電話：(02)2396-0927<br>營業時間：11：00-15：00，17：00-21：00／週二店休 |
| **秀昌（水餃、牛肉麵）**<br>地址：臺北市中華路2段309巷20號1樓／電話：(02)2332-8261<br>營業時間：12：00-15：00，17：00-20：30 |
| **臺灣牛（牛肉麵）**<br>地址：臺東縣太麻里鄉河川13號／電話：(089)781-555<br>營業時間：08：00-20：00 |
| **誠記越南麵食館**<br>地址：臺北市永康街6巷1號／電話：(02)2321-1579，2322-2765<br>營業時間：11：30-23：30 |
| **韓記老虎麵食館**<br>地址：臺北市金山南路1段24號／電話：(02)2391-3483<br>營業時間：11：30-14：30，17：30-21：00／週日店休 |
| **中原製麵店（製麵店）**<br>地址：臺北市青島東路23號之11／電話：(02)2351-8010、(M)0910-138-464<br>營業時間：11：00-13：00／每週六日店休 |

| 豬腳專賣店 |
| --- |
| **富霸王**<br>地址：臺北市南京東路2段115巷20號／電話：(02)2507-1918<br>營業時間：11：00-20：30 |
| **海鴻飯店**<br>地址：屏東縣萬巒鄉民和路34-1號／電話：(08)781-1220<br>營業時間：08：00-21：00 |

| 異國料理 |
| --- |
| 黑森林德式美食屋（德國菜）<br>地址：臺北市安和路1段112巷10號／電話：(02)2325-3506<br>營業時間：11：30-23：00 |
| 勞瑞斯牛肋排（西餐）<br>地址：臺北市八德路4段138號 京華城12樓／電話：(02)3762-1312<br>營業時間：平日11：30-14：30，17：30-22：00／假日11：30-15：00，17：30-23：00 |
| 歐美廚房（德、法菜）<br>地址：臺北市信義路2段193號／電話：(02)2351-4326、2351-4823<br>營業時間：11：30-15：00，17：30-23：00 |
| 風尚西餐廳（西餐）<br>地址：臺中市西屯區中港路2段9號 永豐棧麗緻酒店1樓／電話：(04)2326-8008<br>營業時間：06：30-21：30 |

| 路邊攤 |
| --- |
| 邱氏虱目魚<br>地址：臺北市中華路2段307巷／電話：0921-052-172<br>營業時間：06：30-13：00 |
| 民樂旗魚米粉<br>地址：臺北市民樂街3號（永樂市場旁迪化街交叉口）<br>營業時間：06：30-13：30 |
| 通伯臺南碗粿<br>地址：臺北市南京西路233巷19號（永樂市場口）／電話：(02)2555-6092<br>營業時間：06：30-13：30 |

| 其他 |
| --- |
| Top of ONE（創意料理）<br>地址：臺中市西區英才路532號 亞緻大飯店46樓／電話：(04)2303-1234<br>營業時間：11：30-14：00，18：00-21：30 |
| 將軍牛肉大王（創意菜）<br>地址：臺中市北區學士路158號／電話：(04)2230-5918<br>營業時間：11：00-20：30 |
| 忠南飯館（客飯）<br>地址：臺北市仁愛路3段88號／電話：(02)2706-1256<br>營業時間：11：00-14：00 (六日至14：30)，17：00-20：30 |
| 天譠新飲食文化推廣中心（窯烤）<br>地址：臺北市麗水街5號／電話：(02)2394-3335<br>營業時間：11：30-15：00，17：00-21：00 |
| 澤鄉園（溪產）<br>地址：花蓮市豐村16股110之1號／電話：(03)856-4989、857-3946<br>營業時間：10：30-23：00 |
| 不老部落（休閒農莊）<br>地址：宜蘭縣大同鄉寒溪村華興巷46號之1／電話：0919-090-061、(03)961-4198（需預定） |
| 尚林餐廳（鐵板燒）<br>地址：臺北市民生東路3段131號B1／電話：(02)2547-1100<br>營業時間：11：30-14：30，17：30-22：30 |
| 聯禾咖啡（咖啡店）<br>地址：臺北市興隆路2段129號／電話：(02)2935-1252<br>營業時間：08：00-23：30 |

# 外地

| 中國大陸 |
| --- |
| 小南國（上海菜）<br>地址：上海南京西路1398號／電話：(86.21)6298-1717<br>營業時間：11：00-14:00，17：00-22：00 |
| 老豐閣（上海本幫菜）<br>地址：上海陽曲路456號／電話：(86.21)6697-6977、6697-5688<br>營業時間：11：00-15:00，17：00-22：00 |
| 夏麵館（上海菜）<br>地址：上海市肇嘉濱路798號 (坤陽國際商務商場)<br>電話：(86.21)6472-8504 |
| 滄浪亭（上海菜）<br>地址：上海市淮海中路689號／電話：(86.21)5382-3738 |
| 松濤人家（家常菜）<br>地址：上海雲南南路27號／電話：(86.21)63367447<br>營業時間：10：30-22：30 |
| 朱鴻興（蘇式麵店）<br>地址：蘇州市平江區宮巷108號(碧鳳坊路口)／電話:：(86.512)6727-9722、6770-4247<br>營業時間：10：00-24：00 |
| 金牛苑越南菜館（越南菜）<br>地址：香港尖沙咀廣東道5號 海運大廈3樓／電話：(852)2730-4866<br>營業時間：12：00-15：00，18：00-23：00 |
| 龍苑中菜廳（粵菜）<br>地址：香港尖沙咀彌敦道50號 金域假日酒店B1／電話：(852)2315-1006<br>營業時間：11：00-15：00，18：00-23：00 |
| Robuchon a Galera（法國菜）<br>地址：澳門葡京路2-4號（葡京酒店西座3樓）／電話：(853)377-666<br>營業時間：午餐12：00起，晚餐18：30起 |
| 九如坊（葡式澳門菜）<br>地址：澳門板樟堂巷3號地下B座／電話：(853)331-818<br>營業時間：12：00-23：00／週一店休 |

| 新加坡 |
| --- |
| Chatterbox Coffeehouse（中餐）<br>地址：1st floor， South Tower Meritus Mandarin Hotel.<br>333 Orchard Road 238867 Singapore／電話：(65)831-6291<br>營業時間：24小時營業 |
| FIVE STAR（娘惹菜）<br>地址：No. 191 East Coast Road Singapore／電話：(65)6344-5911<br>營業時間：11：00-02：00 |
| BANANA LEAF APOLO（印度菜）<br>地址：54-56-58 Race Course Road Singapore／電話：(65)6293-8682、6293-5054<br>營業時間：10：30-22：30 |

| 馬來西亞 |
| --- |
| **中華茶室（海南雞飯）**<br>地址：18 Lorong Hang Jebat, 75200 Melaka, Malaysia<br>電話：(60) 06-2845001<br>營業時間：06：30-13：30，售完為止 |
| **新寶島餐廳（臺菜）**<br>地址：46. Jalan SS2/24. 47300 Petaling Jaya, Selangor, Malaysia.<br>電話：(60)03-78751894、78757478<br>營業時間：12：00-15：00，18：00-23：00 |

| 紐西蘭 |
| --- |
| Huka Lodge（**渡假莊園**）<br>地址：Huka Falls Rd., PO Box 95, Taupo, New Zealand<br>電話：(64)07-3785791 |

| 德國 |
| --- |
| Hofbräuhaus am Platzl（**啤酒屋**）<br>地址：Das berühmteste Wirtshaus der Welt Platzl 9 * 80331 München Germany<br>電話：(49)089-221676<br>營業時間：09：30-23：30 |

| 美國 |
| --- |
| Birchfield Manor（西餐）<br>地址：2018 Birchfield Road Yakima, WA 98901<br>電話：(1)509-4521960, 800-3753420 |
| earth & ocean（法國料理）<br>地址：1112 4th Avenue, Seattle WA 98101. U. S. A.<br>電話：(1)206-2646060 |
| Kathy Casey Food Studios（西餐）<br>地址：5130 Ballard Ave NW Seattle, WA 98107. U. S. A.<br>電話：(1)206-7847840 |
| Ponti Seafood Grill（海鮮餐廳）<br>地址：3014 3rd Avenue North, Seattle, WA 98109<br>電話：(1)206-2843000 |
| Silver Lake Winery（酒莊）<br>地址：15029 Woodinville-Redmond Rd. Woodinville , WA 98072. U. S. A.<br>電話：(1)425-485-2437 |

國家圖書館出版品預行編目資料

暴食江湖 焦桐 著；-- 初版.-- 臺北市：二魚文化，2009.8〔民98〕面；公分. --（文學花園 C 061）
ISBN／978-986-6490-17-0 (平裝)

1.飲食　2.文化　3.文集

538.707　　98012143

二魚文化　文學花園 C061

# 暴食江湖

作者　焦桐
責任編輯　邱燕淇
校對　邱燕淇、葉珊
封面繪圖．題字　李蕭錕
美術設計　陳廣萍
出版者　二魚文化事業有限公司
發行人　葉珊
社址　106臺北市大安區新生南路二段2號6樓
網址　www.2-fishes.com
電話（02）23515288　傳真（02）23518061
郵政劃撥帳號19625599
劃撥戶名　二魚文化事業有限公司
法律顧問　林鈺雄律師事務所
總經銷　黎銘圖書有限公司
電話（02）8990-2588　傳真（02）2290-1658
初版一刷　二〇〇九年八月
初版十一刷　二〇一二年七月
定價　三〇〇元
ISBN　978-986-6490-17-0



題字篆印　李蕭錕

## 讀者回函卡

# 二魚文化事業有限公司

www.2-fishes.com　　讀者服務專線：（02）23515288

＊首先謝謝您 買我們的書，希望您看了很滿意。

請撥冗為我們填寫並寄回本服務卡（免貼郵票），即可成為二魚文化的會員，會員可搶先收到二魚文化電子報寄出的各種活 資訊。

姓　　名：

地　　址：

電　　話：

傳　　真：

電子郵件信箱：

出生日期：西元　　年　　月　　日

性　　別：□男　□女

身分證字號：

婚姻狀況：□已婚　□未婚　□單身

教育程度：□高中以下（含高職）　□大專　□研究所

職　　業：□學生　□軍警　□公教　□自由業　□大眾傳播　□金融業
□保險業　□銷售業　□資訊業　□服務業　□製造業　□其它

您從哪裡得知本書訊息：□逛書店　□雜誌　□廣播節目　□電視節目
□親友介紹　□廣告信函　□網　路　□其它

您通常以何種方式購書？

□劃撥郵購　□透過網路　□逛書店　□電話訂購　□團體訂購　□其它

您對本書或本公司有何建議：

請填妥後對摺裝訂，直接投郵即可，免貼郵票

| 廣 告 回 郵 |
| --- |
| 臺灣北區郵政管理局登記證 |
| 北台字15467號 |

106臺北市大安區和平東路1段121號3樓之2

**二魚文化事業有限公司 收**

地址：

電話：

C061

# 暴食江湖

二魚文化

二魚文化